やりたいこと、才能、目標を見つける！

一生ブレない自分軸の身につけ方

「聴き力の学校」主宰
プロコーチ・講師
森田市郎
Ichiro Morita

鴨ブックス

はじめに

【自分軸】を身につけると、仕事・人間関係・才能・生きがい・お金・目標……心のモヤモヤが解消する！

はじめまして、森田市郎《もりたいちろう》です。

コーチングと〝自分軸発掘〟のコーチとして、これまで2万人以上の人を支援してきました。

経営者、現場指導のリーダー、社会人、主婦、学生……

誰もが、イキイキと活躍する前に、同じ悩みを抱えていました。

「今のまま仕事を続けても、いいのかな?」
（【やりたいこと】が見つからない）

「人生このまま終わりたくない……」
（自分の【強み】や【才能】が分からない）

「キラキラ輝いている人がうらやましい……」
（ワクワクする【目標】がもてない）

もしあなたが、こんな悩みや葛藤を抱えているなら、

この本は、

【運命の出会い】【人生を変える1冊】

になるかもしれません。

なぜなら、この本を読んで、

ブレない【自分軸】を手に入れると、
すべての悩みがスッキリ解消するからです!

【やりたいこと】【強み・才能】【目標】を
見つけるためには
正しい順番がある!

例えば、

- **心理学系の自己啓発セミナーに通う**
- **やりたいことを100個書き出す**
- **占いで自分の強みを分析する**

という経験はありませんか?

もしかしたら、そのときは満足感を得られたかもしれません。
でも、じっさいにモチベーションが継続したり、日常が変わることは、少なかったのではないでしょうか？
理由はそれが、ある側面だけを捉えた**『間違った自分探し』**だからです。

じつは……

【やりたいこと】【強み・才能】【目標】を見つけるのは、『自分を理解する』＝『価値観を知る』こと

から始まります。

その価値観は、
一部だけを切り取っても、意味がありません。
周りの人と比較しても、気づくことができません。

すべての価値観は……

自分の【過去・現在・思い描く未来】

のなかに、ヒントがあります。

【もっとも感情が動く10秒】

このシーンのなかに、眠っているのです。

1、【価値観】を知ること
2、【強み・才能】に気づくこと
3、【目標】を立てること

正しい3つの順番で自分をを掘り下げることで、一生ブレない【自分軸】が手に入るのです！

≪才能を見つける方程式≫

情熱 × 得意・強み ＝ 才能（ギフト）

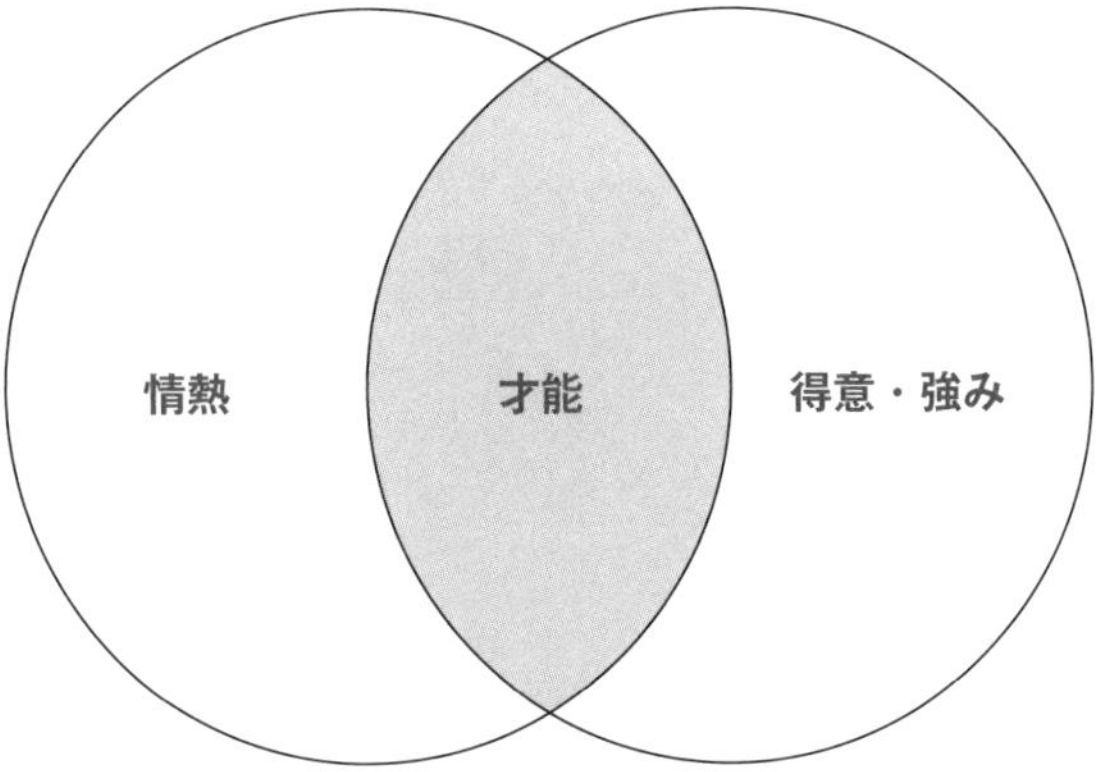

では、それぞれについて、もう少し詳しく解説していきましょう。

1、【価値観】を知ること

価値観とは『自分が大切にしたい』ことです。

『毎日どんな行動をとると、自分を満たすことができるのか』

自分を深く知ることで、考え方にも自信がもてます。
周りの人の顔色をうかがって行動したり、他人の意見に流されることがなくなります。

2、【強み・才能】に気づくこと

【才能】を見つけるには、最強の公式があります。
【情熱】×【得意・強み】を掛け合わせたものが【才能】です。

【価値観】を知ったうえで、【強み・才能】に気づくと、

●本当にやりたいこと
●自分だからできること

が見えてきます。

自分の才能を発揮する場所や方法が分かるのです。

3、【目標】を立てること

【価値観】を知って、【強み・才能】に気づくと、

●本当にやりたいこと
●自分の活躍できる場所
●自分を活かす方法

が分かります。

もっと言うと、

『なぜ、なんのために生きるのか』

という【人生の目的】にたどり着きます。

本当に『ワクワクする未来』＝『人生の目的』に向かって
目標を設定することで、
より充実した毎日を過ごせるようになるのです。

正しい３つの順番で【自分軸】を身につけるだけで、
僕が関わらせてもらった**２万人以上の人**には、
こんな人生の変化がありました。

●年収0円の主婦が
3年で5000万円を売り上げる
売れっこ起業家に

●チームビルディングに悩む
スポーツクラブのリーダーが
人間関係を改善して、数々の優秀賞を受賞

●名もないダイエットトレーナーが
登録者数72万人の人気YouTuberに

●〝怒ってばかり〟の4児の母が
家庭のコミュニケーションが改善され、
子どもの不登校が解消

経営者、現場指導のリーダー、社会人、主婦、学生……誰もが、イキイキと活躍できるようになります。

自分軸が見つかると、人生にも大きな変化が生まれます。

ここで1人、僕が『自分軸の発掘』をお手伝いした、ある人の話を紹介させてください。

彼は、IT企業の創業者で、20年間経営を続けていました。Appleから3年連続表彰されるなど、業績を伸ばし続ける優秀な経営者でした。でも「本当にやりたいことなのか」と悩んでいました。

そして自分と事業と向き合い、自分軸を見つけた先に、本当にやりたいことは『自分らしく、最高の人生を楽しむ』こと、そして『出会ってくれる人の【成長の道しるべ】になる』ことだと気づきました。

彼には今でも『忘れられない風景』があります。大学を出て1人で暮らすアパートに「暗くて、陰湿で、窮屈で、疎ましい……」と子どもの頃から思っていたうつ病の父親が訪ねてきた場面です。何度も何度も「開けてくれ!」と扉を叩く父を目の前に、彼はどうしてもドアを開けることができませんでした……。

それから2年後、彼のお父さんは自ら命に幕を降ろしました。

「今ならば、僕はドアを開ける……

今ならば『ごめんね』と『ありがとう』を伝えられる……」

家族も人を受け入れず、自分のことも受け入れられなかったからこそ、これからは「自分の人生を最高に楽しむことで輝いて、人の成長の道しるべになりたい」と願ったのです。

そして彼は、不登校で苦しんでいる娘さんが「自分らしく、生まれてよかった」と思える未来に寄り添っていくことを決めました。

自分と事業と本気で向き合って、自身の半生を描いた著書を幻冬舎から出版しました。

そして、創業から20年間続けた会社をバイアウト。

全国で苦しむ29万人の不登校児をサポートする、スクールコーチング事業をスタートさせて、不登校児の光となるための活動を続けています。

もう1人で、頑張らないでください。
この本を最後まで読むだけでいいのです。

正しい3つの順番で、自己理解を深めるだけで、
一生ブレない【自分軸】が身につきます。

『自分探し』を終わらせて、
心のモヤモヤ、葛藤、悩みをスッキリさせましょう。

人生は、たった1度きり。
「自分に生まれて良かった」と思えるあなただけの人生を、
【主人公】として生き抜いていきましょう。
そんなお手伝いができたら、最高に幸せです。

森田市郎

本書の購入者 限定！

【LINE登録】5大特典 Specialプレゼント

1

簡単！　3分で分かる！

『自分軸 or 他人軸』診断テスト

2

限定＆撮り下ろし

自分軸を強化！スマホ版

一生モノの自信を手に入れる！森田市郎の『自己確信』Webセミナー

3

森田市郎と一緒に取り組む

理解が10倍深まる！本書の『ワーク解説』動画集＆事例PDF

(P.105～112、P.168～P.170、P.206～P.209)

4

一覧PDF

自分軸を磨く！

『毎日5分セルフコーチング』最強フォーマット集

5

通常9800円⇒無料

自分軸を発掘！

認定コーチの『自分軸コーチング』30分の体験セッション

スマホでササッと簡単！

(※予告なく終了する可能性があります)

CONTENTS

第2章

【価値観】が分かると【やりたいこと】が見つかる……077

第4章 【目標】を作ると【人生】が変わる……175

第1章

【自分軸】が身につくと、毎日ワクワクする！最強の【生き方戦略】になる

「自分軸」って何だろう？

この本を手に取ってくれた人は「自分軸」「他人軸」という言葉をよく耳にしたことがあるのではないでしょうか？

皆さんは「自分軸がない」というと、どんなイメージが湧きますか？

「求められても、**自分の意見**を言えない」
「人生を通して、**本当にやりたいこと**が分からない」
「仕事や趣味に**情熱**を感じられない」
「毎日、同じことの**繰り返し**」
「輝いている同世代を見ると**嫉妬**してしまう」
「人と比べて、〝**自分なんて**〟と思ってしまう」

こんなイメージではないでしょうか？

僕が2万人以上の『自分軸の発掘』のお手伝いしてきたなかで、皆さんの話を聴くと、こういう悩みの声がたくさんあがっていました。

また経営者や現場のリーダーになると、

「自分の価値に自信をもち、**影響力**をつけたい」
「想いを語れるようになり、**採用力**を高めたい」
「伝えるべきメッセージを**確信**をもって届けられる自分になりたい」

という目的で、自分軸を見つけにくる人も数多くいらっしゃいます。

自分軸が必要な人は『ウォンツ系』『ニーズ系』

僕が多くの人を見てきたなかで「自分軸をもちたい」という人は……

・**自己実現**をしたい人……『ウォンツ系』の人（wants）
・今の**悩みや課題を解決したい**人……『ニーズ系』の人（needs）

の2種類のタイプがいると感じています。
もちろん、その両方という場合もあります。

●自己実現型『ウォンツ系』の人

□「自分らしい人生」をイキイキ生きたい
□成果を出して活躍したい
□仕事や日常に情熱をもって生きたい

Check! 『自分軸が必要な人』テスト
あなたはいくつ当てはまりますか？

□才能や個性を活かしたい
□個人の影響力や発信力を高めたい

⇩自分軸を身につけると、
「自分らしい人生」が加速します！

●課題解決型『ニーズ系』の人
□自分に自信がない
□漠然とした不安・モヤモヤがある
□人と比べている自分を変えたい
□自分の想いを表現できない
□「人生こんなものじゃない」「このまま終わりたくない」と思っている

⇩自分軸を身につけると、
自分らしく生きやすくなります！

自分軸はすべての人に必要なものですが、テストでチェックした数が多いほど、自分軸をもつことであなたの人生がどんどん変わっていきます。

自分軸は『大切にしたい価値観』『本当にやりたいこと』がカギ

一言で言うと『自分軸』ってなんだと思いますか？

それは……

自分の大切にしたい
【価値観】を満たして生きること

本当に【やりたいこと】を見つけて、
才能を発揮し、そこに向かって生きること

そして『自分らしく情熱的に生きている実感』を【自分軸】だと捉えています。

つまり、自分軸をもつことで『本当にやりたいこと』を満たしていくか『本当になりたい自分』に近づいていけるのです。

自分軸をもたないと『3つの壁』にぶつかる

ここで少しだけ、僕の幼少期からのお話をさせてください。

僕は、家業である天理教の教会の長男として生まれ、幼い頃から「後継者になる」ということを定められていました。

保育園の卒園文集で、将来の夢として書いたのは「立派な教会長になる」ということ。**自分の意見を言えず**、幼いながら、親に設定された夢をもっていました。

周りの友だちは「野球選手になる」「ケーキ屋さんになる」「警察官になる」と書いてい

て、素直に夢を語っている友だちをうらやましいと思いました。

・『本当にやりたいこと』ではない夢をもち、親の期待に応えること

・自分に自信がなく、『他人の顔色や正解』をうかがって生きること

それが大学生までの僕の『生き方』であり『生存戦略』でした。

ところが、23歳のときに、親友が自殺未遂をしたのです。

「目の前の人の心と人生を支援したい！」

「本当に助けたい！」

心の底から「本当にやりたい！」と思えることに、初めて出会った瞬間でした。

そこに、僕の価値観のすべてが繋がっていました。

僕は『人の心と人生を支援する』という【本当にやりたいこと】が見つかり『コーチング』という【才能】を手に入れました。

これが僕にとって、初めて【自分軸】をもてた体験です。

本当にやりたいこと × 才能 ＝ 自分軸 → 自分らしく情熱的に生きている実感

「人の心と人生を支援する」

「コーチングで人の想い・才能を引き出す」

「自分に生まれて良かった」と思える人を増やす

Check!

自分軸がないとぶつかる『3つの壁』

1：【表現の壁】自分の意見が言えない
2：【自己信頼の壁】自信がもてない
3：【コミュニケーションの壁】他人の顔色・正解をうかがって生きる

⇩自分軸をもつことで、3つの壁が消滅します！

『間違った自分探し』〜自分軸のよくある勘違い〜

「自分軸がない」と悩んでいる人の話を聴くと、勘違いをしている場合が多いと感じます。

この間違いにハマっていると、自分軸は見つかりません。
永遠に【間違った自分探し】をすることになるのです。

間違った自分探し1
『他人軸はダメだ』と自分を責める

大前提として「自分軸が見つからない自分はダメだ」「他人軸の自分は価値が低い」と考えるのは、ものすごく〝本末転倒〟です。

自分軸を見つけることの目的は『幸せになる』こと。

そのために『人生を充実させる』のですから、見つからない自分を「責めるくらいなら、見つけなくていいよ」「気分よく生きていくほうがいいよ」と、お伝えしたくなります。

こんな受講生さんがいました。

子どもの頃、施設に預けられた経験があり、今は『子どもの支援がしたい』という夢があります。最近そこが見つかったんだけれど「それまでの私はやりたいことがない」「私ってダメだ」「周りの人に合わせすぎてしまう」と悩んでいました。

周りの人に合わせすぎる自分は「他人軸で価値が低い」と思っていたのです。

でも逆に言えば、周りに合わせられる人って『人を優先できる優しい心』があるんですよね。

『周りに合わせること＝他人軸』ではなくて、例えば、周りに喜んでもらうことが『喜び＝自分軸』だったりもするのです。

POINT ▼▼▼ 他人軸だと思い込んでいたことに『自分軸のエッセンス』が隠されている！

間違った自分探し2
『やりたいことを100個書く』

巷《ちまた》でよく耳にする、自分の『やりたいことを100個書き出す』という経験はありませんか？

『100個書き出す』ことで、自分の価値観を言語化して、理解して、行動に繋げることが目的の【自分探しワーク】です。

ただ多くの人を見ていると『書く』ことだけで満足してしまいがち。書き出した『価値観を知る』こと『自分探しをする』ことが目的になっている状態です。

要は、大切にしたい価値観を知り、その『価値観を満たす行動』をとることで自分軸に繋がります。行動に繋げて人生を変えていくことで、しっかりした自分軸が身につきます。

POINT
価値観は『知る』ではなく『使う』ことがゴール！
『価値観を満たす行動』こそが自分軸に繋がります。

Check! まだまだある！『間違った自分探し』確認リスト

□『**自分軸は変わってはいけない**』**と思っている**

⇩自分軸は『変化してＯＫ』！

現時点の軸を磨いていく

□『**確信度が１００％ないといけない**』**と思っている**

⇩確信度は50％でも、大切な『自分軸のエッセンス』

□**自分軸には『優劣がある』と思っている**

⇩優秀な自分軸も、劣っている自分軸もない！

ありのままでＯＫ

□『**人の目を気にしない**』**ことが自分軸だと思っている**

⇩『自分のことしか考えない』は、ただの自分勝手！

当てはまる数が多いほど、勘違いしている可能性があります。
この本を１冊読むことで、間違った自分探しに終止符を打ちましょう。

『自分軸がもてない』のは当たり前！社会や教育が原因の1つ

今「自分軸がない」と悩んでいる人に、とくにお伝えしたいことがあります。

それは、あなたが自分軸に出会えていないのは、あなたのせいではない、ということ。

例えば、ここ1週間で「あなたにとって、何が大切ですか？」「本当は何がやりたいですか？」「本当は、何がやりたくないですか？」と、聴かれたことはありますか？

普通は……ないですよね？

今の日本の社会や教育では、そもそも『聴く文化』や『伝える文化』が育ちにくいのです。

あなたは悪くないけれど、なかなか『自分軸に出会えない』3つの原因をお伝えします。

理由1：10歳までの思考パターン
『欲求を言う習慣』が育たない

じつは、アドラー心理学では『人間の思考パターンは、10歳までに構築される』と考えられています。

それまでに、自分の欲求を素直に伝えたり、受け入れられたり、たくさん励まされた経験があると『一生分の勇気』をもてるとも言われています。

ここで『トーマス理論』についてご紹介します。
これは、僕が勝手に名づけた理論なのですが……（笑）

僕の家には4歳と2歳の息子がいて、リビングにおもちゃがたくさんあります。

長男が『きかんしゃトーマス』にど・ハマりしていて、お店で見かける度に「トーマス、買って！」と言うんですね。

その度に「トーマスのおもちゃは10個あるでしょ」「もう、いらないでしょ」って、母親に怒られて、ゲットできないんです。

もちろん親としては大事な教育の観点もあるから、全部は与えられないけれど、子どもの視点で見ると違いますよね。

「おもちゃの多いわが家にとっては、必要ではない」けれど……

「僕にとっては、本当は必要」という欲求があります。

子どもは未熟だから、うまく理由を説明できないし、事実やデータを振りかざしてくる大人に負けてしまいます。

では、どうしたらゲットできるのでしょうか？

例えば、子どもが事実に対して、事実で反論したとします。

「家に10個のおもちゃがあるけれど、このトーマスは、家のおもちゃとは違って、見た目が青色です。この機能がついていて、１９８０円で買えます」

こんなプレゼンをしても、一生トーマスをゲットできなそうじゃないですか？

では、どうしたら彼がトーマスをゲットできるのかというと……

「それでも欲しい！」と言い続けるんですよね。

そうすると、ときどき、おじいちゃんやおばあちゃんが買ってくれるんです（笑）。

誰かが欲求を聴いてくれるまで、夢や希望が叶うまで……

自分にとって「本当に必要で、本当に大切で、本当に欲しい」って言うべきなんです。

でも、たいてい子どものうちに、家や学校のなかで周りの大人に潰されてしまいます。

なぜなら、それはいらないから。
なぜなら、それはやっちゃダメだから。

そうすると……
『自分の夢を欲したら、潰される』
『自分の希望を伝えたら、怒られる』

10歳までに、自分のなかでこの思考パターンが構築されると「自分を守るために言わない」「言ってもムダだ」となるんですよね。

だから僕たちは傷つかないように、いつか夢や希望を語らなくなって、はっきりとした自分軸をもたずに大人になってしまうのです。

理由2：事件は会議室で起きている！

『結論ファースト』の社会

また、社会の風潮も原因の1つに挙げられます。
日本中の会議室では、いつも事件が起こっているのです。
例えば、あなたが仕事をしているとき、こんな言葉を言われたことはありませんか？

「つまり、結論は？」
「感想よりも、事実やデータを教えて！」

日本の会議室では、結論だけを求める『結論ファースト』や事実だけを重視する『事実ファースト』のコミュニケーションがよく起こっています。

こうして大人になると、事実や結論を伝えることが重要になり、感想や価値観を伝える機会が減るのです。

だから自分軸をもって、自分の大切にしたい価値観を表現するよりも『全員の正解』を優先してしまいがちなのです。

理由3：現代は『1億総発信者』時代！
聴き力に乏しい

最後に、時代性もあります。

YouTubeやInstagram、TikTok、Facebook、誰もがSNSで『自分の想い』を発信している時代です。

「自分を表現したい！」という人は多いけれど、逆に、自分に興味や関心をもって『ただ聴いてくれる』という人は、周りにどれだけいますか？　思い浮かびますか？

聴いてくれる人がいないと、本当にやりたいことも、本当に大切にしたい価値観も、言語化して伝える機会が少ないから気づきにくいのです。

自分軸をもつと『毎日に起こる嬉しい変化』は5つ！

逆に自分軸を見つけると、驚くような変化があります。

自分軸を身につけて『大切にしたい価値観を満たす』と、どうなるか？

【本当にやりたいこと】を見つけて【才能】を発揮して【目標】を立てると、どうなるか？

これまでの毎日に、どんな変化が起こるかをご紹介します。

▼▼▼▼▼

毎日の変化1

人生に情熱が宿り、毎日起きるのが楽しみに！

【3歳・0歳児を抱えた主婦が『収入0円→3年で5000万円』の起業家に】

自称**「なんの取柄もない」という専業主婦**の人がいました。

「大好きな人と結婚して、2人の子どもに恵まれて『幸せ』なはずなのに……」

出産後、子育てに追われ、同じ毎日の繰り返しに、ウツウツとしていました。

「このまま人生を終わりたくない！」「自分にはもっと何かできるはず！」

どうしても諦められない想いがあって、子どもがお昼寝している間に本を読んだり、YouTubeを見て学びました。それでも何もできない自分に焦る日もありました。

ところが……**「人の人生を応援する仕事がしたい！」**

本当にやりたいことに気づいた彼女は、Facebookで400回以上、毎日ライブ配信をしました。

「ライブを見ると元気になる」「自分にもできる！と勇気が湧く」

「あなたみたいになりたい」

視聴者からの言葉に『**発信力**』**が自分の才能**だと気づきます。

そして、ＳｏｆｔＢａｎｋの販売員『全国１位』の実績を活かして、セミナー講師になり、ファンづくりやライブ配信、セールスを教えるようになりました。

結果、**３歳・０歳の子を抱えながら起業して、年収０円から３年で５０００万円を売り上げる**ほどの人気講師になりました。

仕事や活動に『自然と情熱が湧いてくる』状態になると、ライフワークバランスというよりは『ワークもライフの一部』になるんです。

「前は、毎日がつまらなかったけど、いまはワクワクして、毎朝４時から仕事をしています」

「あなたから学びたい！」と列を作って会いに来てくれる人が増えて、**200人を集める講演会も大成功**させました。

Check!

【年収】が上がる！

専業主婦が起業で大成功して『収入0円→3年で5000万円』の売上に！

≪自分軸≫

本当にやりたいこと × 才能 ＝ 自分軸 → 自分らしく情熱的に生きている実感

本当にやりたいこと：「人の人生を応援する」
才能：「発信する力」
自分軸：「ライブ配信＆セールスを教えて、大好きな仕事で活躍できる人を増やす」

毎日の変化２

「私なんて」を手放して、子どもを笑顔で応援！

【自己肯定感の低い４児の母が『世界一の子どもの応援家』に】

こんなお母さんもいました。

彼女は子どもが４人いて、そのうち１人の息子さんは、小学校１年生のとき不登校になっていました。

病院に行っても診断がつかず、自分なりに勉強して、たどり着いた結論は『子どもの不安』によるものでした。

「息子を甘えさせてあげなかった……」

「ありのままを受け入れず、いつも息子をジャッジしてきた……」

『安心できる場所』がある人は、勇気をもって外に飛び出せるけれど『安心できる場所』

がない人は外に飛び出せないんです。

「家で安心できない息子は、学校に行けない状態だったんだ……」

そんな子育てをしてきた原因は、母親である彼女自身が「自分を認めていない」「自分をジャッジし続けてきたから」だと気づきました。

6人兄弟のいちばん上として生まれた彼女の家庭には『自分より人を優先して助ける』という教育方針がありました。

「心からそう思えない自分はダメだ」

「違う意見を言うのは、親の顔に泥を塗ることだ」

「自分の感情に蓋をして、親が正解だと思うことだけを行動しよう」

親の正解を探す『他人軸』で生きてきた結果「自分にはなんの価値もない」「私なんて……」と思うようになったのです。

彼女は、息子さんが不登校になってから、ノートにびっしり書き込んで勉強しました。

そして『毎日もがいて頑張ってきた自分』って愛おしい、と思えるほどになりました。


「自分にはどんな価値観があるのか？」

「どうしたら満たされるのか？」


そう考えたときに、ある確信をもてました。


「大切な人を応援したい」

「大切な人のチャレンジを応援しているときの自分が好き」


そこからは自然と「私なんて」という感情が湧かなくなりました。

4人の子どものチャレンジを笑顔で全力で応援できるようになりました。

息子さんは児童会や運動会では応援団として活躍するようになり「将来はコーチカウンセラーになりたい」と夢を語るようになりました。そして小学5年生になり、修学旅行にも行くことができました。

『お気に入りの自分』で過ごせるようになると、自己肯定感も上がります。

お母さんがイキイキと自分らしく生きることは、子どもへの『最大の教育』であり『最大の家族貢献・社会貢献』にも繋がるんだと思います。

Check!

【自己肯定感】が上がる！

4児の母が自信を取り戻し、
世界一の『子どもの応援家』に！

≪自分軸≫

本当にやりたいこと × 才能 ＝ 自分軸 → 自分らしく情熱的に生きている実感

本当にやりたいこと：「大切な人の挑戦を応援する」

才能：「励ます力」

自分軸：「子どもの挑戦を全力でサポートする」

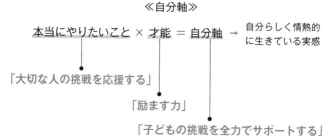

毎日の変化3
『活かせる場所』を変えたら、パフォーマンスが劇的アップ！
【『短所』こそ才能だと気づき、メディアのパーソナリティに転身】

こんな男性もいます。

彼は、ノリが良くて明るく、新人教育の研修講師を務めていました。

彼は太陽のような笑顔と軽快なトークが特徴である反面「軽い」「言葉に重みがない」と言われ続けて「研修講師に向いていないんじゃないか」と悩み続けていました。

もともとお笑い芸人を目指していたこともあり『人を笑わせる』ことが、彼の喜びでした。

「軽いのではなくて、目の前の人を喜ばせたい、楽しませたいだけなんだ」

「これが、自分の大切にしたい強みで才能なんだ」

そう自覚してから、目の前の人を楽しませる『軽さ』に全振りするようになりました。

彼が恩師に言われて気づいたのは、大勢の人が集まる場所で最初に発言するときや、深刻な悩みにハマっていく人へ言葉がけをするとき、軽さはある意味『そこにいる人へのプレゼント』になる、ということ。

コンプレックスだった『軽さ』を強みに変えることで、パフォーマンスが劇的に向上し、彼の才能がさらに輝き始めました。

Ｉｎｓｔａｇｒａｍの発信を通して人気インフルエンサーになり、音声メディアのパーソナリティにもなりました。

「チップ文化を広げる」というミッションをもつ飲食店『ＹＡＫＩＮＩＫＵＭＡＦＩＡ　ＩＫＥＢＵＫＵＲＯ』のステージパフォーマーとして、日々、目の前の人を楽しませる活動を続けています。

≪自分軸≫

本当にやりたいこと × 才能 ＝ 自分軸 → 自分らしく情熱的に生きている実感

本当にやりたいこと：「目の前の人を楽しませる」

才能：「ノリの良さ・軽さ」

自分軸：「パフォーマーの活動を通して人を喜ばせる」

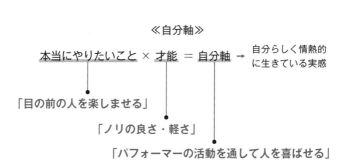

Check!

【パフォーマンス】が上がる！

元研修講師が転職して、
音声メディアの人気パーソナリティに

毎日の変化4
『本当の自分』で生きると、夢の実現が加速する！

【YouTube登録者数『180人→72万人』のインフルエンサーに】

ある女性の話をさせてください。

当時、ストレッチやトレーニングを教える『パーソナルトレーナー』と、不調を感じる部位を触って治す『整体師』として両軸で活動していた彼女は、僕の主宰する『聴き力の学校』に入学してくれました。

ちょうどコロナ禍のタイミングも重なって、ＹｏｕＴｕｂｅのチャンネルがバズり始めたころだったのですが、自分に自信がなく、かたい殻を被っていた当時の彼女は、

「顔の見えない大勢の人の前で、自分を発信していくのが怖い」
「自分を出して嫌われるなら、ＹｏｕＴｕｂｅの発信もやめてしまおうかな」

と悩んでいました。

そんなとき「あなたらしく生きようよ！」と受け入れてくれた仲間のおかげで、殻を破ることができました。そして改めて自分と向き合うことで、

「日本中に動けるおばあちゃんを増やしたい」という本当にやりたいことへの想いを強くもてるようになり、自分への肯定感もどんどん上がっていきました。

その後、
「自分のことを自分で治せるよ」「自分にがっかりしなくていいんだよ」

「ちょっとしたケアで、まだまだ元気に遊べるよ」
「好きなことに挑戦できるよ」

そんなメッセージを伝えるべく、ＹｏｕＴｕｂｅでの発信にさらにコミットした結果、彼女のチャンネルは、登録者数が当初の１８０人から72万人に成長しました。

今では多くの患者さんやファンの人に、自分らしく生きる勇気と方法を届けています。

自分軸をもち『本当の自分で生きられる』ようになったことで、自信をもって影響力をつけ、人生の階段をかけ上がっていくことができたのです。

≪自分軸≫

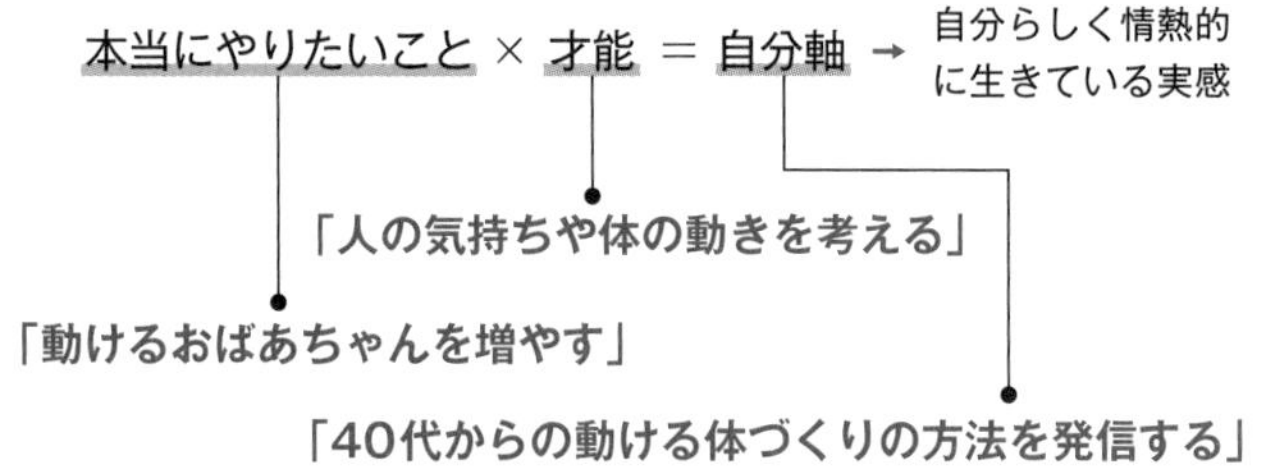
本当にやりたいこと × 才能 ＝ 自分軸 → 自分らしく情熱的に生きている実感
「人の気持ちや体の動きを考える」
「動けるおばあちゃんを増やす」
「40代からの動ける体づくりの方法を発信する」

Check!

【発信力と影響力】が高まる！

自分らしい発信で影響力を発揮して、YouTube登録者数「180人↓72万人」に

毎日の変化5

人間関係が良くなり、ビジネスがうまくいく

【2代目社長が社内の人間関係を改善して、採用に大成功！】

ある2代目社長がいるのですが、彼は先代の社長である、お父さんについてきた古参の従業員との人間関係で悩んでいました。

彼は自分に自信がもてず、ことあるごとに「自分のことが嫌いだ」と言っていました。

それが自分軸をもって「自分の人生の主人公として生きたい」と自分に期待するように

なったら、人の人生に対しても「主人公として生きられるように応援したい」と考えるようになったのです。

彼の社長としてのビジョンは『従業員の夢を叶える』『従業員が仕事を通して幸せになる』『主人公として生きることを応援する』ということ。

この価値観に合わない社員は辞めていき、理念に共感してくれる優秀な人が集まってくるようになりました。

新陳代謝が起きて人間関係が改善し、売上も好調で、採用も成功。人材確保の難しい時代、社員数が2倍になり、他社の経営者からも採用についてよく相談されています。

僕が考える限り、自分軸をもつことで『人間関係が良くなる』理由は3つあります。

1つ目は、自分の大切にしたいことを明らかにして、言葉で表現すると、**共感する【近い人たちが集まってくる】**こと。

2つ目は、**自分の価値観と【合わない人がいなくなる】**こと。

ある意味『不要な人間関係』を手放すと、自分の価値観や本当にやりたいことに向けて、時間と想いを集中して使えるようになります。

3つ目は、自分と同じように、**人の【やりたいことや価値観を尊重】**するようになること。

ちなみに、これは**【受け入れの連鎖】**と言って、まず自分の大切なものを受け入れると、次に人の大切なものも受け入れるようになる、という現象です。

Check!

【チームワーク】が上がる！

2代目社長が人間関係を改善して、『採用』に成大功！

≪自分軸≫

本当にやりたいこと × 才能 ＝ 自分軸 → 自分らしく情熱的に生きている実感

本当にやりたいこと：「従業員を幸せにする」

才能：「聴く力」

自分軸：「従業員の『主人公としての人生』を応援する」

自分軸が『最強の生き方戦略』になる理由って？

経営者でも現場のリーダーでも、さまざまなコミュニティに所属している人でも、いまは自分軸を発信しないと**その他大勢になる【埋もれる時代】**になっています。

「自分の大切にしたいこと、つまり『自分の旗』は、何なのか？」

起業家であれば、その旗を自分のミッションとして語ることで、共感する人が増えます。仕事でミッションを掲げると、その世界観が醸成されて、知名度も上がり、採用もうまくいくようになります。

モノより人で選ばれる時代！『選ばれる人』になれる

最近よく言われていますが、サービスの価値、モノの基準が高水準で一定化されました。いわゆる『コモディティ化』と呼ばれている現象です。

もはや、**機能で選ぶのではなくて【人で選ばれる時代】になった**、ということ。

例えば、うどん屋さんが近所に2軒あって『似た美味しさのスープと麺』を提供していたとします。似た美味しさなら、知らないお店よりも、友人が経営するお店や店主の人柄に惹かれるお店で食べたい、と思いますよね。

つまり『**選ばれる人**』**になっておくことが重要**です。人で選ばれるなら単価を上げることも可能です。

手前みそになりますが、僕の例で言うと、世の中にはコーチングスクールがたくさん存在しています。

僕はこれまで2000人の体験会受講者や卒業生がいるコーチンスクールを運営していますが「どうせ学ぶなら、森田さんのところで学びたい！」と選んでいただけることが多いんです。1回のセッションが2000円だった頃から、3年経って、年商1億円を超える事業に成長させることができました。

「なぜ選んでくれたんですか？」と聴くと、普段から掲げている僕の活動、まるでパワースポットのように「周りに元気や勇気を与える『パワーパーソン』を増やしたい！」というミッションに「共感しているから」と言われます。

『優しい人こそ強くあれ』という理念が「心に響くから」と言われます。

この理念を掲げていると『優しくて、強くなりたい人』しか集まってこないんですよね。もう本当にいい人しかいません（笑）。

「周りにいる人が楽しそうだから」「周りにいる人が優しいから」「卒業生が『人生が変わっ

た』と言っているから」「成果を出しているから」という理由もよくうかがいます。

僕の自分軸は『聴き力』つまりコーチングのスキルで「目の前の人の心や人生を支援する」ということです。そのときに掲げているミッションが「パワーパーソンを増やしたい」そして、理念が「優しい人こそ強くあれ」なのです。

自信に溢れて『憧れられる』『一目置かれる存在』になる

自分軸をもって理念を語ると、1人1人の価値観や才能が輝いて『一目置かれる存在』になります。

『自分の人生を生きている人』って、誰の前でも屈することなく自分の意見を伝えたり、堂々とした立ち居振る舞いができるので、根本的に自信があります。

確固たる自分の信念や道筋があるから、魅力的に見える人が多いのです。

すでに自分が満たされていて、周りの人に「何かをGIVEしよう」という『与えるマインド』も醸成されているので、自然と周りから憧れられたり、一目置かれるようになる人が圧倒的に多いんです。

モチベーションは必要ない！『湧いてくる努力』で行動が変わる

仕事をしていると「モチベーションが上がらない」「思うように行動できない」「3日坊主になってしまう」と悩むことはありませんか？

じつは**自分軸をもつと、モチベーションが必要なくなります。**

まるで子どもがＹｏｕＴｕｂｅを見続けるように、モチベーションが高いから努力しているのではなく……**夢中になっているから『勝手に続けてしまう』**という状態なのです。

例えば、数字の計算やメール送付、資料作り、ＳＮＳでのライブ配信……

僕もパワーパーソンを増やす活動をしているなかで、苦手なことがたくさんあります。

でも、この苦手な行動の先に『目の前の人の心を支援できる』感じや『パワーパーソンを増やせる未来』があります。

本当にやりたいことに向かうプロセスだって分かるから、気持ちが湧き上がるんですよね。

ムリしなくても『湧いてくる努力』を手にすると、行動が変わり、結果が変わり、人生が変わります。

コミュニティで生き抜く時代に、周りとラクラク差別化できるのです。

▼▼▼▼▼『優しくて強い人』を目指すと【1%の貴重な存在】になれる

2万人以上の『自分軸の発掘』をお手伝いするなかで、気づいたことがあります。

それは、この世に存在する人たちは、次のように分類できるのではないか、ということ。

・優しくて強い人……………1%
↓社会/現場変革のリーダー
(明確な自分軸があり、多くの人に影響を与えて導いている人)

・優しくて弱い人……………9%
↓自分軸を見つけたい、磨きたい人

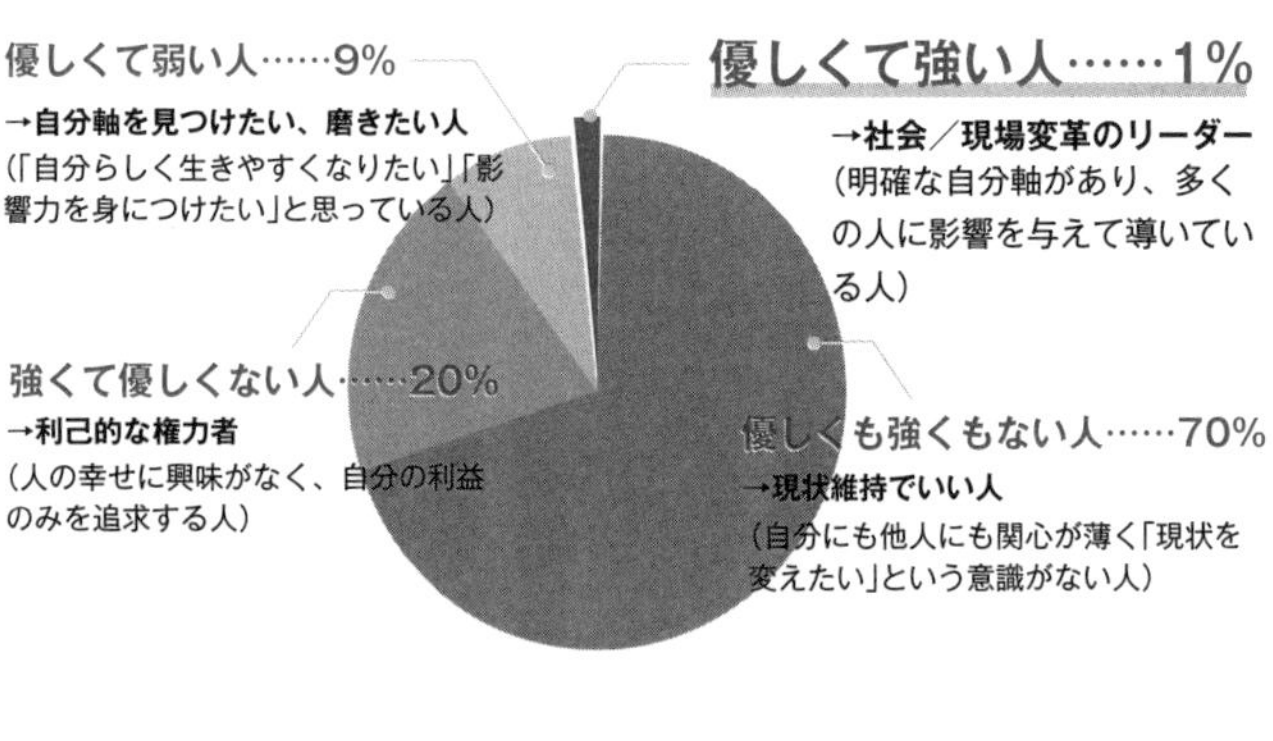

優しくて強い人……1%
→社会/現場変革のリーダー
(明確な自分軸があり、多くの人に影響を与えて導いている人)
優しくて弱い人……9%
→自分軸を見つけたい、磨きたい人
(「自分らしく生きやすくなりたい」「影響力を身につけたい」と思っている人)
強くて優しくない人……20%
→利己的な権力者
(人の幸せに興味がなく、自分の利益のみを追求する人)
優しくも強くもない人……70%
→現状維持でいい人
(自分にも他人にも関心が薄く「現状を変えたい」という意識がない人)

（「自分らしく生きやすくなりたい」「影響力を身につけたい」と思っている人）

・強くて優しくない人……………20％
↓利己的な権力者

（人の幸せに興味がなく、自分の利益のみを追求する人）

・優しくも強くもない人……………70％
↓現状維持でいい人

（自分にも他人にも関心が薄く「現状を変えたい」という意識がない人）

まず、大多数を占めるのが、70％の『優しくも強くもない人』です。

『自分』ではなく『他人』を主語にして生きること、自分軸をもたず、他人軸のまま生きていくことが苦にならないタイプです。「現状維持でいい」と思っているので、自分軸を発掘するお手伝いをする必要がありません。

次に多いのは、20％の『強くて優しくない人』。

利己的な権力者であることが多いので、そもそも「自分軸を磨いて人の役に立ちたい」とは思っていないはずです。

逆に1％の『優しくて強い人』は、社会や人のために強い自分軸をもって生きている人です。この層の人が突き抜けると、キング牧師やマザーテレサなどの社会変革のリーダーになっていきます。

そして最後に、**僕が助けたいと思っている9％の『優しくて弱い人』**。

「自分の人生はこんなものじゃない」という想いや課題意識があり「自分軸を見つけて、もっと誰かの役にたちたい」「もっと自分を発揮して、自己実現をしたい」と思っている9％の人たちです。

9％の『優しくて弱い人』が、**たった1％の『優しくて強い人』になれたら、これからの時代【最強の差別化】【最強の生き方戦略】になる**と思いませんか？

『優しい人』が自分軸を身につけて『強い人』になると、想いを表現する力や発信力、影響力、社会や人生を通して誰かを助けられるさまざまな力がついてきます。

僕は、そう思っている優しい人たちのお手伝いをして**【優しくて強い1%】**を**「一緒に目指したい」**と願っています。

自分軸を見つけて『人生の主人公』として生きる！

ここまで、じっくりと『自分軸』について解説してきました。

「『自分軸』ってどういうもの？」

だんだんイメージが湧いてきましたか？

また、あなたの周りで「この人、自分軸をしっかりもって生きているな」と思う人は、どんな人がいますか？　少し目を閉じて、思い浮かべてみてください。

その人たちの姿を浮かべると「輝いているな」「うらやましいな」「素敵だな」そんな気持ちが湧いてきませんか？

どんな自分軸をもっているかは人それぞれですが、彼らにはたった1つ共通点があります。

それは、**自分の【人生の主人公】として生きている**、ということです。

『人生の主人公』として生きるってどんな状態？

では『人生の主人公』って、どんな実感が得られている状態だと思いますか？

僕が2万人以上の『自分軸の発掘』をお手伝いさせていただくなかで、こんな実感を得ている人が多いと感じています。

・**『本当にやりたいこと』**や**『方向性』**を見つけている
・自分の**『才能を使えている』**感覚がある
・今の時点での**『人生の目的』**が分かっている
・自分を**『信頼』**している
・**『人と協力』**し合えている
・**『人の役に立てている』**感覚がある
・**『社会に貢献』**できている感覚がある
・**『本当にやりたいこと』**に向かって楽しめている
・最期を迎えるその日
「自分に生まれてきて良かった」と確信をもって言えそうである

では、この反対はなんでしょうか？

それは**『人生の被害者』**です。

主人公の反対『人生の被害者』を卒業する

『人生の被害者』ってどんな状態でしょうか?

アドラー心理学で有名なアドラーは、カウンセリングを行うとき、目の前に三角柱を置いていたそうです。

三角柱の1面目は『**かわいそうなわたし**』

2面目は『**悪いあの人**』

と書いてあります。

例えば「仕事を頑張っているのに、なかなか成果が出ない」と悩んでいる人がいるとします。

「こんなに仕事がたくさんあるのに、なんで誰も手伝ってくれないんだろう。自分ばっかり頑張って、いろいろ気を使って、疲れちゃったな……」

↓これは『**かわいそうなわたし**』です。

「同僚もサボっているし、上司もぜんぜん助けてくれない。そもそも会社の仕組みが……」

↓これは『**悪いあの人**』です。

人は、何か問題が起こったときに1面と2面を繰り返す傾向にある、と言われています。
でも、この2面を使っている限り『被害者』から抜けられません。
『被害者』でいる限り、一生幸せになれません。

最後の3面目にはこう書いてあります。

そして『**これから、私がどうする**』

この面を出した瞬間『人生の主人公』に変わります。

未来に向かって、自分ができることに取り組んでいけるのです。

いま『人生の被害者』になっている人、そして「自分軸がない」と悩んでいる人を見ると、僕はこう思います。

これまで他人を優先してきた優しい人だからこそ、自分軸ではなく『他人軸で生きてきた』のだと……

そして優しいあなただからこそ、自分軸と出会って『自分を大切にする人生』『主人公として生きる人生』を創造していってほしいと思います。

この本を1冊読み終わる頃には、絶対にあなただけの『一生ブレない自分軸』が見つかります。ぜひ、楽しみながら取り組んでみてください。

第2章

【価値観】が分かると【やりたいこと】が見つかる

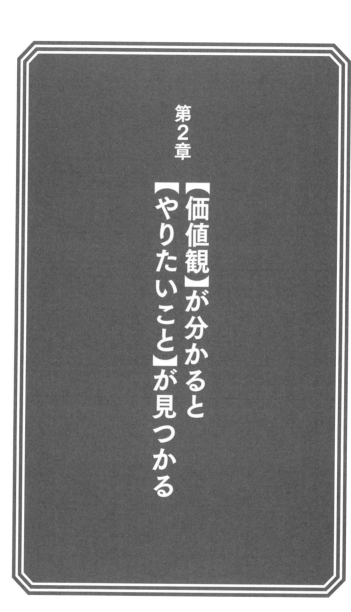

そもそも『価値観』ってなんだろう？

まず『自分軸』を見つけるときに、その元となるのが『価値観』です。

【価値観】とは「大切にしたい」と思うこと。自分らしさ、信念、譲れないこと、好きなこと、心地いいこと、嫌なこと、世界観、セルフイメージなど、**あなたを構成する本質的な要素である【エッセンス】**の1つと言えます。

このエッセンスは、生きてきた年数分、いろいろな出来事や体験を通して、あなたのなかに必ず存在しています。

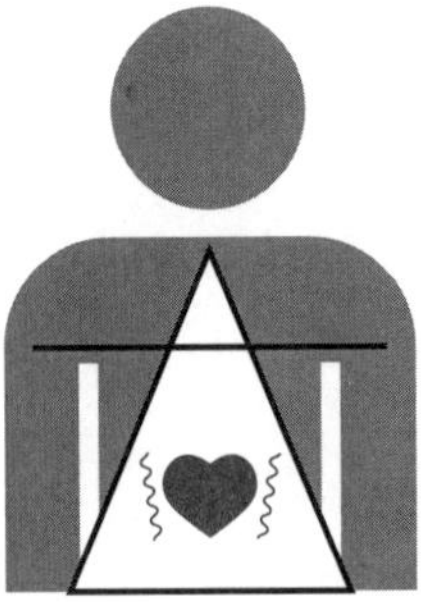

エッセンス

- 価値観
- 自分らしさ
- 信念
- 譲れないこと
- 好きなこと
- 心地いいこと
- 嫌なこと
- 世界観/セルフイメージ

つまり自分の価値観とは、**過去の出来事や体験、そこで得られた感情が元になっている**のです。

『価値観』の見つけ方 ～『感情が動いた場所』にある～

日常生活を送っているなかで「嬉しいな」「楽しいな」「ワクワクするな」と思うときもあれば「辛いな」「嫌だな」「イライラするな」と思うこともありますよね。

わざわざ言語化しなくても『**365日、感情が動いている**』わけです。

自分の本質的な要素である『エッセンス』が満たされている出来事なら「嬉しいな」と感じるし、逆に満たされていない出来事なら「嫌だな」と感じます。

もともとエッセンスは自分のなかに存在しているけれど、きちんと言語化していないから「なんで楽しいんだろう」「なんでイライラするんだろう」と、その感情の動く理由や根拠を明確に分かっていない人が多いのです。

ここの言語化がうまくいっていないと「やりたいことが分からない」という悩みが生まれます。

けれど『エッセンス』や『価値観』を言語化できれば『やりたいこと』も、おのずと見えてきます。価値観ややりたいことは「ない」のではなく、自分のなかに確実に「ある」けれど「言語化できていない」だけ。

ここを**顕在化させることが必要**なのです。

『もっとも感情の動く10秒』を切り取れるかがカギ！

いちばん重要なのは、**感情が動く場所のなかでも『もっとも感情の動く10秒』を切り取る**ことです。

この『10秒』を特定することで、自分にとって、とくに大切にしたい価値観が見えてきます。

例えば、仲間と飲み会に行って『目の前の大切な人が、めちゃくちゃ楽しそう』にしている景色を見た瞬間「なんか嬉しいな」「心から幸せだな」という気持ちが溢れて、満たされるとしますよね。

「それの何が嬉しいんだろう?」と深掘りをしたとき「大切な人との『繋がり感』を感じるのが喜びなんだ」というエッセンスが分かったとします。

そうしたら、飲み会に限らず『大切な人との繋がりを感じる』という価値観を満たす行動をとっていけばいいのです。

自分自身の**価値観が分かるから『満たすための行動』(=やりたいこと)**が見つかります。

『価値観を満たす行動』を増やすことで、人生の充実度が劇的に増していくのです。

逆に、マイナスの感情を得ることもありますよね。

例えば、子どもの頃、お父さんとお母さんが怒鳴り合いの喧嘩をしている場面を見た瞬間「辛いな」と思った経験があったとします。

その場合、社会に出てから、上司が部下に対して一方的に怒鳴っている場面を見た瞬間「辛いな」「自分とは関係がないのに、嫌だな」と思いやすいのです。

「それの何が嫌なんだろう？」と深掘りをしたとき「一方的に相手を否定するのが嫌だ」「高圧的な態度が嫌だ」というエッセンスが見つかります。

一方的なのが嫌なのであれば「双方向なら良いんだな」……

高圧的なのが嫌なのであれば「お互いを尊重

エッセンスは感情が動いたところに存在する

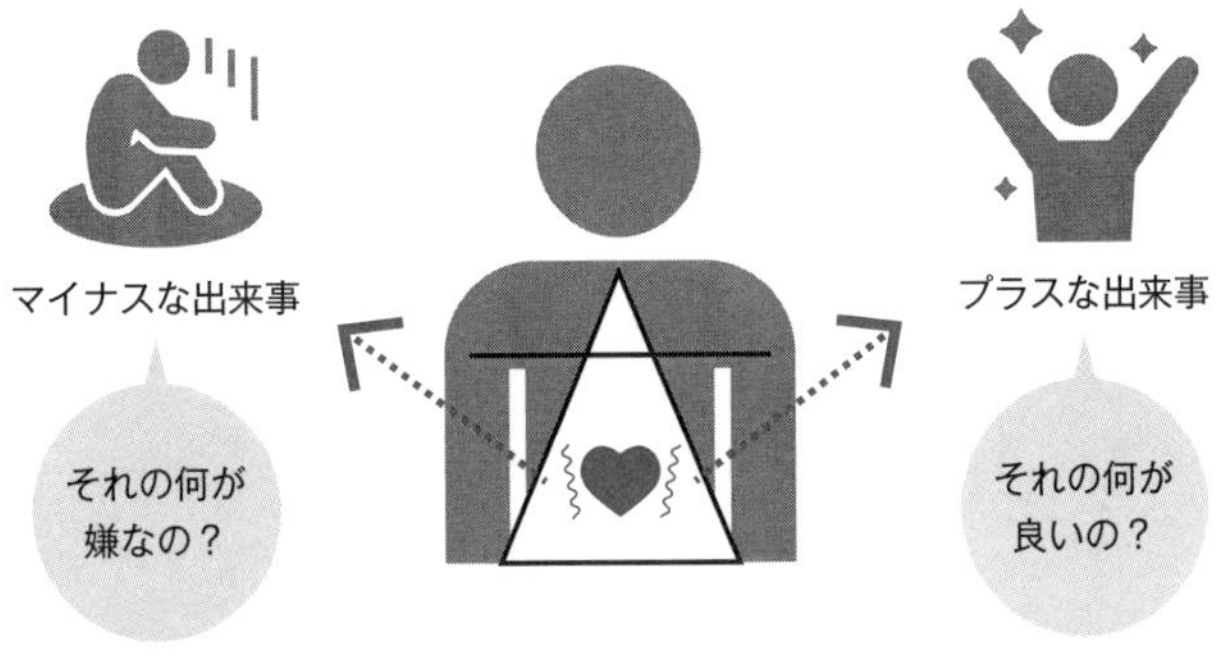
マイナスな出来事
それの何が
嫌なの？
プラスな出来事
それの何が
良いの？

して、意見を言い合うのは良いんだな」という、大切にしたい価値観が見えてきます。

感情がプラスに振れるときは『価値観を満たす行動』を増やし、感情がマイナスに振れるときは、価値観が『満たされない行動、人間関係』を減らしていけばいいのです。

Check!

『本当にやりたいこと』を見つける3ステップ

ステップ1：【もっとも感情が動く10秒】を探す
ステップ2：【価値観】を探す
ステップ3：価値観を【満たす行動＝やりたいこと】を増やす
価値観が【満たされない行動＝やりたくないこと】を減らす

▼▼▼▼▼ 原体験と日常体験から『共通する価値観』を見つける

なかでも、『もっとも感情の動く10秒』に濃いエッセンスが眠っていて、それはとくに『原体験』が多いと言われています。

【原体験】とは、人の生き方や考え方に大きな影響を与える幼少期、とくに10歳頃までの体験のことで、いくつもあるんです。

もっとも心が動いた体験から……

- **どのくらいの「年数が経っているか」……………【遠さ】**
- **どのくらい「感情が強く動いたか」……………【強さ】**
- **どのくらい「学べることがあったか」……………【深さ】**

この『**遠さ**』×『**強さ**』×『**深さ**』**の掛け合わされた体験**です。

また学生時代や社会人時代、ここ数年であっても、大きな影響があった場合は原体験と同じく『インパクト体験』として、濃いエッセンスが眠っています。

『インパクトの大きさ』『その価値観で過ごした時間』『考え方にもっとも影響を及ぼした体験』の3つの重なる場所が【原体験】【インパクト体験】です。

プラスの原体験の例

- 親や先生から**【信頼】**してもらえた
- 大切な人から**【承認】**してもらえた
- 努力が実を結んで**【成果】**が出せた
- 仲間との**【一体感】**を味わえた
- 何かをやり遂げて**【達成感】**を得られた
- 友だちに**【助けられた】**
- 仲間を支えて**【自己効力感】**が上がった
- 失いかけた**【自己信頼】**を取り戻した

マイナスの原体験の例

- 学校や職場で**【いじめ】**られた
- 大切な人に**【裏切られた】**
- 受験に**【失敗した】**
- 大切な人を**【亡くした】**
- 親に怒られたり**【理解してもらえなかった】**
- **【家族仲】**が悪かった
- **【愛される実感】**が足りなかった
- **【否定】**をされて生きてきた
- **【お金の苦労】**をした
- 自分が**【パワハラ】**してしまった

この『原体験』または『インパクト体験』は……大切な価値観が作られる【大きなキッカケ】となります。

ただ、この1つの出来事だけで、あなたの大切な価値観が決まるわけではありません。

いろいろな日常の出来事からも『もっとも感情の動いた10秒』を見つけて原体験と照らし合わせることで、いくつも『共通点、繋がり』のあるエッセンスが見つかります。

改めて、大切にしたい価値観の『確信度』が上がっていくのです。

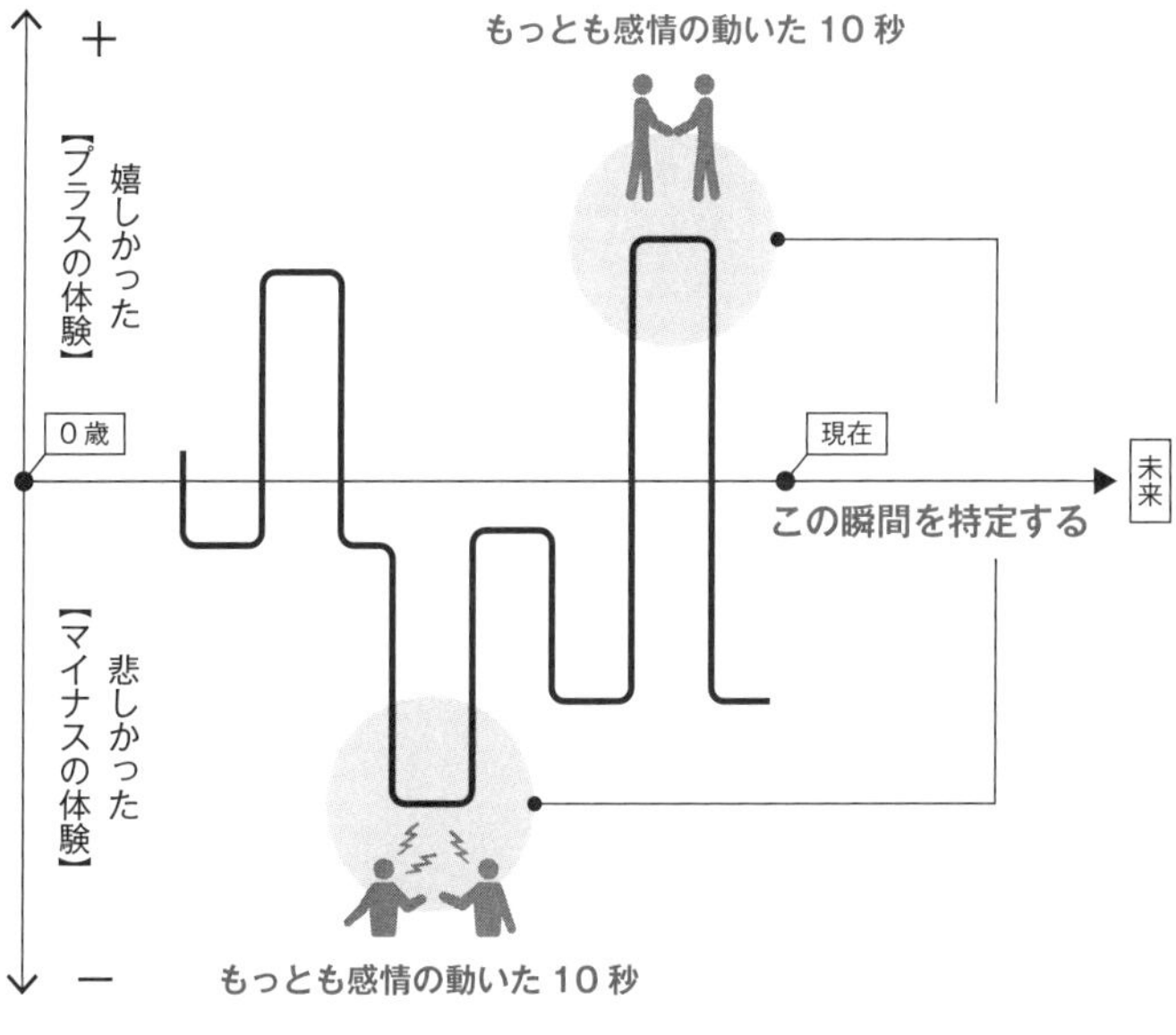

価値観のよくある勘違い
～「自分がよく分からない」という人へ～

「自分の価値観がよく分からない」「自分のことがよく分からない」という人も一定数、います。

もちろん、その人たちのなかにも自分だけの『大切な価値観』その人の本質的な要素を構成する『エッセンス』は、必ず存在します。

ただ、そういった人たちが間違った思い込み、勘違いを抱えているケースがあるので解説していきます。

勘違い1
「価値観が分からない」のはダメだと思っている

繰り返しになりますが、誰もが自分のなかに『大切な価値観』をもっています。

ただ、どんな価値観をもって過ごしてきたか……これまで『価値観の棚卸し』をしていない人が「今すぐ言語化しろ」と言われても、難しいですよね。

価値観の棚卸しは、人が普段使っていない脳の領域【潜在意識】のなかから、大切なエッセンスを引っ張りだしてくる作業です。

皆さんは『氷山モデル』という言葉を聴いたことがありますか？

海面から突き出ている氷山（目に見える領域）は『一角』である……目に見えない水面下の領域こそ広大である、という心理学で用いられる考え方です。

じつは人の意識も同じで『顕在意識』は、氷山の一角でわずか3％。

僕が2万人以上の『自分軸の発掘』をお手伝いさせていただくとき、この『目に見える3％』には興味がありません。

水面下にある残り**97％の『潜在意識』にこそ、大切な価値観が眠っています。**

だからある意味、**価値観は『分からなくて当たり前』**。

ダメだと思う必要も「見つかるかな」と不安になることもありません。

▼▼▼▼▼ 勘違い2
答えを『他人』から探そうとする

『憧れの芸能人』『理想の暮らしをしているインフルエンサー』

ときどき、自分がいいなと思う『あの人』が言っているから「わたしにとっても、この価値観が大切なんだ」と言う人がいます。

「それは、本当ですか?」

「大切にしたい価値観は、あなたの体験からしか生まれません」

【大切な価値観が眠るのは『潜在意識』の97%】

顕在意識(3%)
- 分かっている
- 気がついている
- 使える
- 言語化できている

潜在意識(97%)
- 分かっていない
- 気がついていない
- 使えない
- 言語化できていない

思わず、そう言いたくなってしまいます。

価値観は、あくまでも自分の『感情が動いた体験』からしか生まれません。

どんなに憧れの人だとしても、他人のなかからは探せません。

あなたが大切にしたい価値観だから、価値があるのです。

【価値観】を言語化すると『習慣と行動』が変わる!

少し前のページで、こんなお話をしました。

・感情がプラスに振れるときは……

『価値観を満たす行動』を増やす。

・感情がマイナスに振れるときは……
その価値観が『満たされない行動、人間関係』を減らす。

そう、大切にしたい価値観に気づいて言葉にすると、行動が変わるんです。

じっさい、僕が『自分軸の発掘』のお手伝いをした人たちには、自然と「習慣が変わった」という方がたくさんいました。

例えば**「パフォーマンスの高い自分が好き」**だという価値観に気づいてから、1日10分運動をする習慣がついた人。

「人に元気を与えることが好き」だという価値観に気づいてから、どのコミュニティでも自分から挨拶するようになった人。

「何より家族が大切」だという価値観に気づいてから、家族との時間を増やして、毎日「ありがとう」と伝えるようになった人。

「人を勇気づける自分が好き」だという価値観に気づいてから、人を励ます言葉選びに変わった人。

ちなみに僕は**「目の前の人の心と人生を支援したい」**という価値観に気づき「コーチとして生きる」と決めてから、人への質問が多くなりました（笑）。

これらは『小さな行動の変化』ですが、転職、起業、副業、引っ越し、新しいコミュニティへの参加など『大きな行動の変化』を起こす人もたくさんいます。

例えば、最近うちの会社に入社してくれて、Ｎｏ・2として頑張っている28歳の男性がいます。

彼は大手企業で優秀な成績を出していた営業マンですが、なんとなく「仕事への情熱ややりがいが感じられない」と悩んでいました。

そんななか、彼は「頑張っている人を応援したい」という価値観が見つかって、何度か言葉にし続けているうちに、その価値観を「最大限発揮できる環境に身を置きたい」と転職してきてくれました。

それから、どんなに忙しくても、いつも「楽しいです」「好きな人と好きなことだけをしているのが仕事なんて幸せです」と、目を輝かせて伝えてくれます。

彼は、大切にしたい価値観に気づいたことで『転職』という大きな変化が起こりました。

価値観を『満たす行動』を選択し、本当に『やりたいこと』を行動し続けることで、人生の充実感が劇的に増した事例です。

日本人の8割は、夢やビジョン、やりたいことが分からない

「あなたの夢や目標はなんですか？」
「こんな未来にしたい、というビジョンはありますか？」
「そこに向けて、やりたいことはありますか？」

そう聴かれたとき、すぐに答えられる日本人は、どのくらいいると思いますか？

全体の7割くらい？　それとも半分の5割くらい？

答えは……『日本人の2割ほど』だと言われています。

これは諸説あるのですが……今から20年前、アメリカの大学でコーチングを学んだ平本あきおさんという第一人者の人がいます。僕のコーチングの師匠、宮越大樹《だいじゅ》さんの師匠です。

「日本でコーチングを広めよう！」としたところ、夢やビジョンから、目標ややることを明確にするコーチングの手法は、日本人の感覚と合わず、あまり広まらなかったんです。

アメリカンドリームという言葉があるように、アメリカ人は「夢やビジョンを語ることが得意」なのに対して、日本人は言葉にすることも想像することも苦手でした。

その理由に「日本人は、農耕民族だから」という説があります。

これまでの歴史から、日本人は真面目に、誠実に、目の前のことを「コツコツ積み上げていく」ことが重要でした。だから、大きい夢ややりたいことを描いてきませんでした。

その結果、農耕民族の歴史やDNAレベルで、8割の日本人は、夢やビジョンを描き、そこから『やりたいことを見つける』という習慣を得られませんでした。

でも逆に、夢や目標、ビジョンをイメージするのは苦手なのですが……

「自分の人生で、これが大切だな」
「こんな在り方の自分が好きだな」
「こういう言動は、避けたいな」

といった『価値観を大切にする』ことは得意な民族なのです。

つまり、ほとんどの日本人にとっては**【夢・目標・ビジョン型】でやりたいことを見つけるよりも【価値重視型】でやりたいことを見つける**ほうが自然です。

そして『やりたいことを未来で描くための根拠』つまり**大事にしたい【価値観】は、過去や日常の体験に眠っている**ので、そこを発掘していくといいのです。

この本では自分軸を見つける最初のステップとして、過去や日常の体験からあなただけの【価値観】を一緒に言語化していきます。

Check!

日本人が『やりたいこと』を見つける方法はこの3つ！

①『価値観型』で見つける

・日本人の8割が得意
・自分が大切にしたい価値観を重視するタイプ
・過去から『ありたい姿』を見つけるのが得意

②『夢・目標・ビジョン型』で見つける

・日本人の2割が得意
・大きな夢や目標を掲げて、やりたいことから逆算して突き進むタイプ

・未来から『なりたい姿』を見つける
　のが得意

③『両方の方法』から見つける

・①→②の順で訓練すると手に入る

・自分軸が手に入ると、その両方から
　アプローチできる

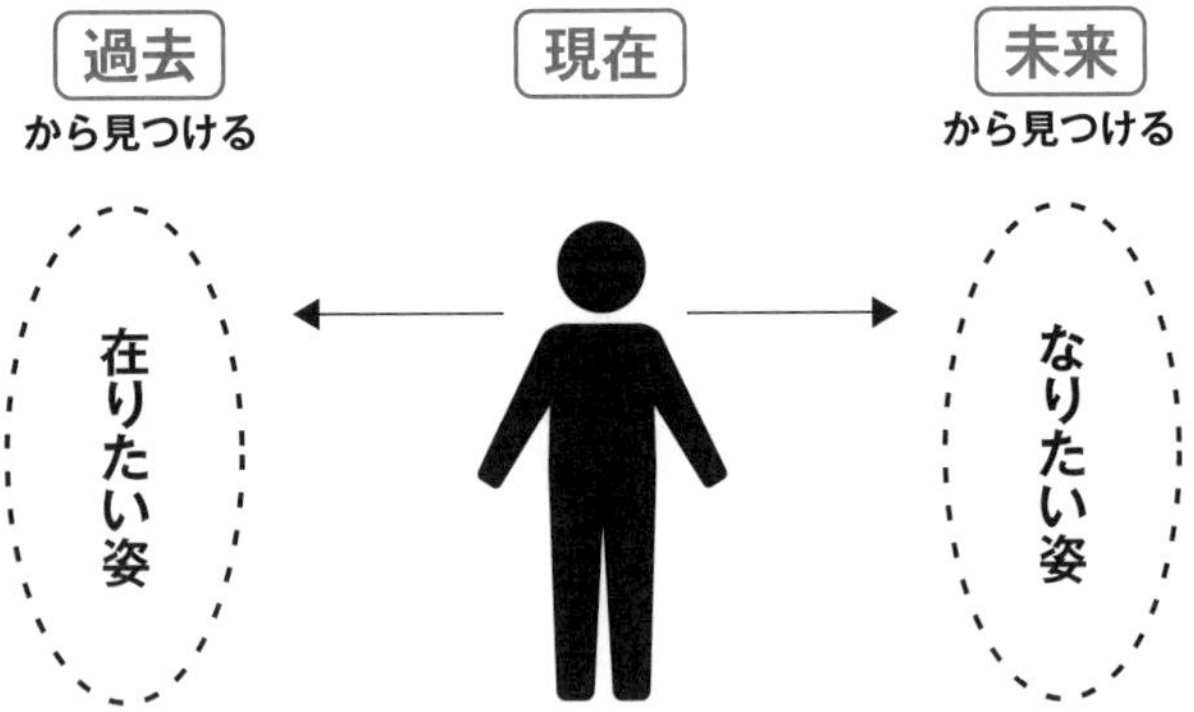

【自分軸ワーク①】プラスとマイナスの『感情体験』から【価値観】を見つけよう！

過去の忘れられない体験、日常で印象的な体験から、以下の出来事と、そこから得られた学び・気づきを書き出してみましょう。

●プラスの感情体験

「嬉しかったこと／楽しかったこと」
「自信や誇らしさを感じたこと」

●マイナスの感情体験

「悔しかったこと／憤ったこと」
「悲しかったこと／辛かったこと」

【書き方のポイント】

潜在意識から『価値観』を取り出すときは、自分の内面を『探索』するため、時間がかかります。書くときは、1人で集中できる静かな場所で、しっかり時間をとって向き合いましょう。カッコつけずに『本音』を書くことが大切です。

1、『感情の動いた出来事』を探す

まずは、振り返る時期を『4つの期間』に区切っています。以下の年齢を目安に、書き出してみましょう。

- **幼少期……10歳頃まで**
- **学生時代……11～22歳頃まで**
- **社会人時代……新入社員～現職まで**
- **日常で……ここ半年～最近まで**

このなかで「いつ、何があった？」と『感情が動いた場面』を特定します。

すべて完璧に記入しなくてもOKです。書けるエピソードのある期間を選びましょう。

2、『もっとも感情の動く10秒』を見つける

例えば、日常で嬉しかった出来事として、子どものお遊戯会に感動したことを思い出したとします。そのなかでも厳密に言えば『舞台に登場したとき』『台詞を言ったとき』『家に帰ってきて報告してくれたとき』などのいくつかのシーンが存在しますよね。そのなかでも「特に感情が動いた場面」を1つに絞ってみてほしいのです。

出来事のなかの**『感情の最大瞬間風速』を特定するイメージ**です。

3、感情を再体験する

切り取った10秒をじっくり思い出し、そのときの感情を再体験してみましょう。

目を閉じてゆっくりと思い出しながら、とくに感情が動いたそのときのことを思い出します。

Check!

『もっとも感情の動く10秒』を切り取る魔法の質問集

以下の質問をすると、『もっとも感情の動く10秒』のその瞬間を切り取っていくことができます。

【感情が動いたなかでも、とくに心が動いた瞬間は？】

● それはいつ？　何が起きた？
● 何が見えた？
● 何が聴こえた？
● 何を感じた？
● そのとき、何を考えた？
● どんな気持ちだった？
● 何を言いたくなった？

4、価値観を抽出する

当時の「感情の10秒」を再体験すると、どんな気持ちになりますか？ プラスの出来事であればプラスの感情に、マイナスの出来事であればマイナスの感情をそれぞれ感じていると思います。その上で、「感情の動いた10秒」で心がもっと動いたのは、どうしてですか？ 改めて何が大切ですか？ あなたらしさは？ と考えてみましょう。

記入例

10歳くらいまで

【幼少期】の『感情体験』あぶり出しシート

【嬉しかったこと／楽しかったこと】

・出来事	・「感情の動いた10秒」は？
忙しい父がキャッチボールをしてくれたこと	グローブを持って父の部屋に行ったら、笑顔で「いいよ、やろう」と言ってくれたとき

【自信や誇らしさを感じたこと】

・出来事	・「感情の動いた10秒」は？
母の日に『肩たたき券』をプレゼントしたこと	嬉しそうに受け取ってくれて「気持ちいいなあ」と喜んでくれたとき

【悔しかったこと／憤ったこと】

・出来事	・「感情の動いた10秒」は？
幼稚園の卒園文集に夢を書けなかったこと	周りの友だちがイキイキと夢を語っている姿を見たとき

【悲しかったこと／辛かったこと】

・出来事	・「感情の動いた10秒」は？
席替えのとき、隣に誰もこなかったこと	「お前が隣に行ってやれよ」と押しつけ合うクラスメイトの顔を見たとき

10歳くらいまで

【幼少期】の『感情体験』あぶり出しシート

【嬉しかったこと／楽しかったこと】

・出来事（いつ、どこで、誰と、何を）	・「感情の動いた10秒」は？

【自信や誇らしさを感じたこと】

・出来事（いつ、どこで、誰と、何を）	・「感情の動いた10秒」は？

【悔しかったこと／憤ったこと】

・出来事（いつ、どこで、誰と、何を）	・「感情の動いた10秒」は？

【悲しかったこと／辛かったこと】

・出来事（いつ、どこで、誰と、何を）	・「感情の動いた10秒」は？

 ⇒『ワーク解説』動画集＆事例PDFをCheck！（詳しくはP.14へ）

【学生時代】の『感情体験』あぶり出しシート

【嬉しかったこと／楽しかったこと】

• 出来事 （いつ、どこで、誰と、何を）	•「感情の動いた 10 秒」は?

【自信や誇らしさを感じたこと】

• 出来事 （いつ、どこで、誰と、何を）	•「感情の動いた 10 秒」は?

【悔しかったこと／憤ったこと】

• 出来事 （いつ、どこで、誰と、何を）	•「感情の動いた 10 秒」は?

【悲しかったこと／辛かったこと】

• 出来事 （いつ、どこで、誰と、何を）	•「感情の動いた 10 秒」は?

新入社員～現職まで

【社会人時代】の『感情体験』あぶり出しシート

【嬉しかったこと／楽しかったこと】

・出来事
（いつ、どこで、誰と、何を）

・「感情の動いた10秒」は？

【自信や誇らしさを感じたこと】

・出来事
（いつ、どこで、誰と、何を）

・「感情の動いた10秒」は？

【悔しかったこと／憤ったこと】

・出来事
（いつ、どこで、誰と、何を）

・「感情の動いた10秒」は？

【悲しかったこと／辛かったこと】

・出来事
（いつ、どこで、誰と、何を）

・「感情の動いた10秒」は？

⇒『ワーク解説』動画集＆事例PDFをCheck！（詳しくはP.14へ）

【日常】での『感情体験』あぶり出しシート

【嬉しかったこと／楽しかったこと】

・出来事 （いつ、どこで、誰と、何を）	・「感情の動いた 10 秒」は?

【自信や誇らしさを感じたこと】

・出来事 （いつ、どこで、誰と、何を）	・「感情の動いた 10 秒」は?

【悔しかったこと／憤ったこと】

・出来事 （いつ、どこで、誰と、何を）	・「感情の動いた 10 秒」は?

【悲しかったこと／辛かったこと】

・出来事 （いつ、どこで、誰と、何を）	・「感情の動いた 10 秒」は?

『感情体験』あぶり出しシートまとめ①

～嬉しかったこと／楽しかったこと編～

（※なるべく具体的に書き出してみましょう）

【これまでを振り返って改めて一番嬉しかったり楽しかったことは？】

1

▼

【どんなところが嬉しかったり、楽しかったですか？】

（※悩んだら、113ページの『プラスの感情リスト』を参考に考えてみましょう）

2

▼

【そこから分かる、人生で大切にしたいことは？】

（※悩んだら、115ページの『価値観リスト』を参考に考えてみましょう）

3

▼

【また改めて感じる、あなたらしさは？】

4

『感情体験』あぶり出しシートまとめ②

~自信や誇らしさを感じたこと編~
（※なるべく具体的に書き出してみましょう）

【これまでを振り返って改めて一番自信になったり誇らしかったことは？】

1

▼

【それの何が自信になったり、誇らしかったですか？】

（※悩んだら、113 ページの『プラスの感情リスト』を参考に考えてみましょう）

2

▼

【そこから分かる、人生で大切にしたいこと／アナタらしさは？】

（※悩んだら、115 ページの『価値観リスト』を参考に考えてみましょう）

3

▼

【また改めて感じる、あなたらしさは？】

4

『感情体験』あぶり出しシートまとめ③

～悔しかったこと／憤ったこと編～

（※なるべく具体的に書き出してみましょう）

【これまでを振り返って改めて一番悔しかったり憤ったとは？】

1

▼

【どんなところが悔しかったり、憤ったのですか？】

（※悩んだら、114ページの『マイナスの感情リスト』を参考に考えてみましょう）

2

▼

【そこから分かる、人生で大切にしたいことは？】

（※悩んだら、115ページの『価値観リスト』を参考に考えてみましょう）

3

▼

【また改めて感じる、あなたらしさは？】

4

⇒『ワーク解説』動画集＆事例PDFをCheck！（詳しくはP.14へ）

『感情体験』あぶり出しシートまとめ④

～悲しかったこと／辛かったこと編～
（※なるべく具体的に書き出してみましょう）

【これまでを振り返って改めて一番悲しかったり辛かったことは？】

1

▼

【どんなところが悲しかったり辛かったのですか？】

（※悩んだら、114ページの『マイナスの感情リスト』を参考に考えてみましょう）

2

▼

【そこから分かる、人生で大切にしたいことは？】

（※悩んだら、115ページの『価値観リスト』を参考に考えてみましょう）

3

▼

【また改めて感じる、あなたらしさは？】

4

考えるときのヒント！≪『プラスの感情』56リスト≫

【プラスの感情リスト】です。あなたの価値観が満たされたときプラスの感情が生まれます。

【愛情に満ちた状態】
□慈愛に溢れる
□愛おしい
□親しみを感じる
□愛を感じる
□心を開く
□思いやりがある
□優しい
□温かい

【幸福感や喜びを感じる状態】
□幸福感に包まれる
□恍惚とする
□喜びに満ちる
□生命力に溢れる
□キラキラ輝く
□高揚する
□心が躍る、楽しい
□外向的である
□感謝する
□恩を感じる
□嬉しい

【自信がみなぎる状態】
□力が湧く
□自由である
□誇らしい
□安心感がある

【熱中している状態】
□没頭する
□ハマっている
□感覚が研ぎ澄まされる
□好奇心がある
□夢中になる
□魅了する、虜になる
□興味をそそられる
□刺激を受ける

【望みを感じている状態】
□満足する
□愉快である
□晴れ晴れする
□期待を感じる
□やる気がある
□楽観的である

【興奮する／心を動かされる状態】
□驚きがある
□気持ちをかき乱される
□熱意がある
□元気で活力がある
□情熱的である
□感動する
□畏敬の念を抱く
□心の琴線に触れる

【心が平安な状態】
□穏やか
□明るい
□心地いい
□安定している
□ありのままを受け入れる
□達成感がある
□解放される
□安心する、ほっとする
□満たされる
□平穏である
□落ち着いている

考えるときのヒント！≪『マイナスの感情』57リスト≫

【マイナスの感情リスト】です。あなたの価値観が満たされたときマイナスの感情が生まれます。

【恐怖を感じる状態】

□危惧する
□不安である
□嫌な予感がある
□不審感がある
□パニックである
□怯えている

【怒り、イライラを感じる状態】

□不愉快である
□不機嫌である
□癪に障る
□欲求不満
□もどかしい
□腹が立つ
□不快感がある
□激怒している
□恨みを感じる

【反感を感じる状態】

□敵意がある
□憎悪がある
□悪意がある
□軽蔑する
□うんざりする
□混乱する
□自意識が強い

【離別を感じる状態】

□疎外感を感じる
□打ち解けない
□冷淡である
□無感動である
□退屈である
□孤立する
□無関心である

【動揺する状態】

□危機感がある
□混乱する
□かき乱される
□不安である
□慌てている
□落ち着かない
□ショックを受ける
□居心地が悪い
□恥ずかしい
□屈辱的である
□無念である

【疲労を感じる状態】

□燃え尽き感がある
□クタクタである
□やる気が出ない
□眠い
□飽き飽きする

【痛みを感じる状態】

□苦悩のある
□胸がつぶれる想い
□傷づく
□寂しい
□惨めである
□後悔する
□ふさぎこむ
□失望する
□憂鬱である
□行き詰る

【弱さを感じる状態】

□もろい
□無力感のある

考えるときのヒント！≪『価値観』58リスト≫

あなたが『大切にしたい価値観』のヒントが得られる【価値観リスト】です。

【繋がり】に関する価値観

□ありのままを受け入れる
□愛情がある
□承認する
□所属意識がある
□協力的である
□気を許せる
□仲間である
□思いやりがある
□一貫性がある
□共感する
□親密である
□高め合う
□尊敬する
□心理的安心安全性がある
□支える
□関心をもつ
□理解する
□信頼する
□温かさを感じる
□真実味がある
□誠実である

【遊び】【平和】に関する価値観

□喜びがある
□ユーモアがある
□楽しみがある
□美しさがある
□気楽さがある
□平等である
□調和する
□直感が働く
□秩序がある
□整理整頓されている

【自己実現】に関する価値観

□命の祝福を感じる
□挑戦する
□明晰である
□能力が高い
□意識が高い
□貢献できる
□発見がある
□探求できる
□効率的である
□成長がある
□希望がある
□学びがある
□自己表現できる
□刺激がある
□超越する

【自律・自立】に関する価値観

□選択できる
□自由である
□独立する
□余裕がある
□自発的である

【身体的幸福】に関する価値観

□自然
□活動／運動
□休息／睡眠
□性的指向
□食べ物
□衣服
□住まい

『夜寝る前5分』のセルフコーチングで小さな『感情の動きに気づく』練習

「毎日、時間とタスクに追われてしまう……」

やるべきことに忙殺されていると「自分の感情が分からない」「気持ちが疲れてしまう」ということはありませんか？

自分の価値観を知るためには『**感情が動く瞬間を捉える力**』**を鍛える**こと。

それには寝る前の5分だけ、日常の『小さな感情の動き』に気づく練習をするのが効果的です。

本当に大切にしたい価値観が、分からなくなる瞬間もあると思います。

1日1度、肩の力を抜いて、自分の『大切な感情』について考えてみませんか？

【『夜寝る前5分』セルフコーチングの方法】

ベッドのなかで目を瞑って、自分を内観してみましょう。
次のテーマから『その日に考えてみたい』ことを選んで、練習してみましょう。

【プラスの感情】3つの質問

・今日1日『嬉しかった／楽しかった』ことは？
・どんなところが『嬉しかった／楽しかった』ですか？
・改めて、人生で大切にしたいことはなんですか？

【マイナスの感情】4つの質問

・今日1日『悲しかった／辛かった』ことは？
・どんなところが嫌でしたか？
・本当はどうしたかったですか？
・改めて、人生で大切にしたいことはなんですか？

▼▼▼▼▼『プラスの感情』から見つかる価値観は？

過去や日常での『嬉しかった体験』『楽しかった体験』『自信や誇らしさを感じた体験』で得られた『プラスの感情』から、どんな価値観が見つかるでしょうか？

1、あなたが『幸せ』を感じる価値観
2、これから『やってみたいこと』のヒント

この2つの要素があります。

現在……

- **『価値観が満たされた』状態……………幸福度が高い**
- **『価値観が満たされない』状態…………幸福度が低い（満たして幸福度を上げたい）**

そう考えているはずです。

これは自分らしく『自分軸で生きる』ための指標の1つになります。

さらに「完全に満たされるのは、どんな状態?」「これからやってみたいことは?」と発想を膨らませると『どんな未来を目指したいのか』というヒントになります。

『マイナスの感情』から見つかる価値観は?

次に、過去や日常の『悔しかった体験』『憤った体験』『悲しかった体験』『辛かった体験』で得た『マイナスの感情』からは、どんな価値観が見つかるでしょうか?

1、あなたの『強み』『情熱』に繋がる価値観
2、『やめたいこと、手放したいこと』のヒント

この2つの要素があります。

避けたいと思うエッセンスが見つかったら、そうなる人間関係や行動は、なるべく手放していきましょう。

また『マイナスの感情体験』を乗り越えると、あなたの能力や強みに繋がる、強烈な価値観の1つになり得ます。

【自分軸ワーク②】『影響を与えてくれた人物』から【価値観】を見つけよう！

過去や日常での体験から『プラスの影響を与えてくれた人物』の名前を書き出します。どんな影響を与えてくれたか、またどんなところに憧れていたか、尊敬していたか、そこで得られた学び・気づきを思い出してみましょう。

●その人物から受けた影響

「憧れるところ」

「尊敬しているところ」
「助けられたところ」
「そこから得た学びや気づき」
「改めて、大切にしたいこと／自分らしさ」

【幼少期】の『影響を与えてくれた人物』あぶり出しシート

【もっともプラスの影響を与えてくれた人物は?】

【憧れていたところは?】

【尊敬していたところは?】

【助けられたところは?】

【そこから得られた学びや気づきは?】

【改めて、大切にしたいこと/本当のあなたらしさは?】

11〜22歳まで

【学生時代】の『影響を与えてくれた人物』あぶり出しシート

【もっともプラスの影響を与えてくれた人物は?】

【憧れていたところは?】

【尊敬していたところは?】

【助けられたところは?】

【そこから得られた学びや気づきは?】

【改めて、大切にしたいこと/本当のあなたらしさは?】

 ⇒『ワーク解説』動画集&事例PDFをCheck!(詳しくはP.14へ)

【社会人時代】の『影響を与えてくれた人物』あぶり出しシート

【もっともプラスの影響を与えてくれた人物は？】

【憧れていたところは？】

【尊敬していたところは？】

【助けられたところは？】

【そこから得られた学びや気づきは？】

【改めて、大切にしたいこと／本当のあなたらしさは？】

ここ半年～最近まで

【日常】での『影響を与えてくれた人物』あぶり出しシート

【もっともプラスの影響を与えてくれた人物は?】

【憧れていたところは?】

【尊敬していたところは?】

【助けられたところは?】

【そこから得られた学びや気づきは?】

【改めて、大切にしたいこと／本当のあなたらしさは?】

 ⇒『ワーク解説』動画集＆事例PDFをCheck！（詳しくはP.14へ）

▼▼▼▼▼『影響を与えてくれた人物』から見つかる価値観は？

過去や日常での『プラスの影響を与えられた人物』から、どんな価値観が見つかったでしょうか？

1、あなたが目指す『在り方』の価値観
2、これから『やってみたいこと』のヒント

この2つの要素があります。

現在……
- **『価値観が満たされた』状態……………『自分への満足度』が高い**
- **『価値観が満たされない』状態…………『自分への満足度』が低い（在り方を磨きたい）**

そう考えているはずです。

さらに「その状態を得るために、やってみたいことは?」と発想を膨らませると、これからどんなことに取り組めば『その在り方に近づけるのか』というヒントになります。

『価値観』が見つかると『今すぐやりたいこと』が湧く

ここで、Yさんという起業家にコーチングをしたときのお話をさせてください。

Yさんは、同時に5社の業務改善コンサルを担当するほど優秀な方ですが「週6日の勤務が辛い」ということに悩んでいました。そして詳しく話を聴いていくなかで『今の仕事を楽しめていない』というキーワードが出てきました。

以下、当時のセッションを解説していきます。

森田「逆に、今までの人生で一番、仕事にやりがいを感じたり、幸せだなって思っていた時期はいつですか？」

Yさん「8年前ですかね」

森田「その頃、何があったんですか？　当時のことを思い出して、教えてください」

Yさん「当時も仕事は忙しくて大変だったんですが、1つのプロジェクトに対してみんなで本気で取り組んでいたんですよね。大変だけれど、一致団結して、協力し合える……そんな感じがありました」

当時のことを少しずつ思い出していきました。

森田「ではその当時の中でも、特に感情が大きく動いた瞬間を思い出してください」

Yさん「……」

森田「一番心が動いたのは、何が起きた時ですか？　そのとき何が見えたり、聴こえたりしましたか？」

ゆっくりと、感情の10秒の場面を聴いていきます。

Yさん「(しばらく考えて) ああ……プロジェクトが終わったときに、本当に充実していて…みんなの顔を見ると『仲間と協力し合えばすごいことができるんだ』って確信できたんです」

森田「その頃のYさんは、何を大切にしていたんですか?」

Yさん「……翼を授けるということを意識していました」

森田「っていうのは、どういうことですか?」

Yさん「はい、みんなが伸び伸びと意見が言い合えるチーム作りを目指していて……そんなことを意識しながら、毎日メンバーに関わっていました」

当時の想いがブワーッと溢れてきていました。

森田「変なお願いなのですが、その8年前の自分から、今の自分を見ると、どんな感じがしたり、どんなふうに見えるか、教えてもらえますか?」

Yさん「……恥ずかしいです。もっとやれよって思う。あなたの力はそんなもんじゃないよって」

仕事に信念ややりがいをもっていた当時の自分からすると、今の自分はまだ力を出し切れていない感じがするとのことでした。さらに、

森田「（8年前の自分から）今の自分になんてアドバイスしたい？」

Yさん「もっと想いを伝えたほうがいい！『翼を授ける』っていう信念を今の職場でも貫いてほしい！」

Yさんはその場でボロボロ泣いていました。本当の想いに気がついたんです。

「本当は週6日勤務が辛いわけじゃなくて、やりがいがなかったんだ」
「また、あのときのような働きかけがしたい」

その後、彼は仕事への取り組みが変わり、当時のようにやりがいをもって働いていると聴かせてくれました。

例えば今、自己肯定感が低くなっていたり、日常にやりがいや楽しさを感じられなかっ

たとしても、過去の『感情体験』のなかから『勇気の源』となる価値観と繋がれます。

そして価値観が分かると、今すぐにでも『やってみたいこと』が見つかります。だから、この章でお伝えした『自分軸ワーク』に、楽しみながらじっくり取り組んでもらえたら嬉しいです。

第3章

【強み・才能】に気づくと【活躍する場所】ができる

じつは誰にでもある『才能』ってなんだろう？

皆さんは「自分軸を身につけたい」と思って、この本を手に取ってくださいました。
繰り返しになりますが【自分軸】とは……

自分の大切にしたい
【価値観】を満たして生きること

本当に【やりたいこと】を見つけて、
才能を発揮し、そこに向かって生きること

そして『自分らしく情熱的に生きている実感』が【自分軸】です。

前の章では、**自分の『大切にしたい価値観』**が見つかりました。
そして**『本当にやりたいこと』とは【その価値観を満たす行動】**だと分かりました。

では、次は、何をしたらいいと思いますか？

それは『才能』を見つけること！

この章では『本当にやりたいこと』に向かって、自分の『強み』『情熱』『得意なこと』『好きなこと』……つまり、自分の【才能】は『どんなもので、どう活かすか』を見つけていきます。


僕は、たくさんの人の『自分軸の発掘』をお手伝いしてきたなかで……

「自分には、ずば抜けた才能がない……」

「人と比べると、自分の強みはたいしたことがない……」

「好きではあるけど、得意なのかは分からない……」

そんな声を聴いてきました。


じっさいに皆さんも……

「あなたの才能はなんですか⁉」

そう質問をされたら「これが私の才能です！」と、自信をもって答えることができますか？

多くの人は『なんとなく好き』なこと『人から褒められる』こと『得意だと思っている』ことは思い浮かんでも、明確に「これが自分の才能です！」と答えることは難しいのではないでしょうか？


では、どうして難しいのでしょうか？　理由は2つあります。

1、言語化していないから
2、【正しい方程式】を使って、才能を見つけていないから

この2つが理由です。逆にこの2つができれば、あなたの才能はすぐにでも見つかります。

そして、**神様から贈られた【ギフト】**として『才能』を思う存分、発揮することができるのです！

『才能』を見つけるには【正しい方程式】がある

多くの人が「自分には、特別な才能がない」と思っていますが、じつは『才能を見つける』には【正しい方程式】があります。

それは……

≪才能を見つける方程式≫
情熱×得意・強み＝才能（ギフト）

【情熱】

・子どもの頃から**惹かれる**こと（人や場所、本のジャンルｅｔｃ．）

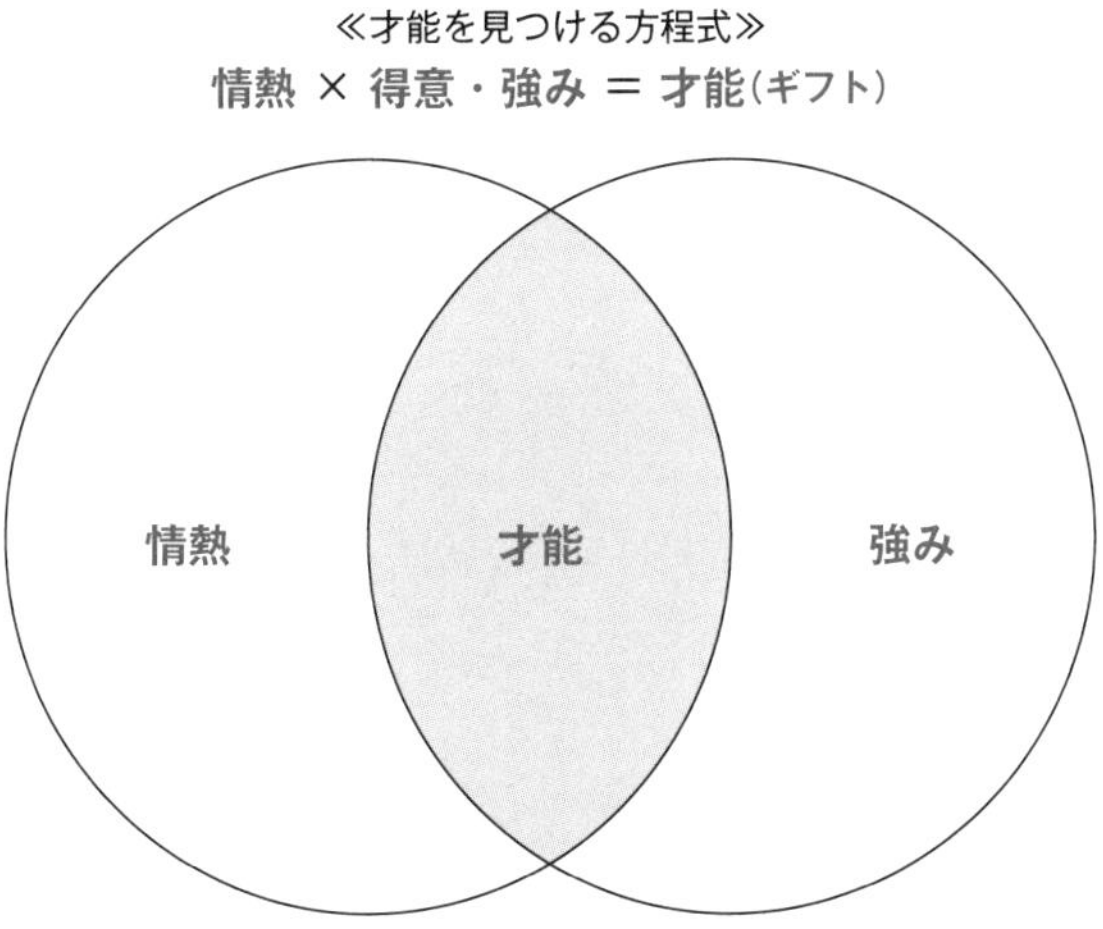

・**時間を忘れて打ち込んでしまう**こと
・「楽しい」と**熱中できる**こと
・**ワクワク**して、心が跳ね上がること
・家族や先生、**目上の人から止められても**取り組んでしまうこと
・**お金をもらえなくても**やりたくなること、やってあげたくなること

【得意・強み】
・**「できて当たり前」**と思うのに**人から褒められる**こと
・**人から感謝される**こと
・頑張らなくても、**結果が出せる**こと
・努力して、**乗り越えた苦難**
・**人に対して嫉妬**すること
・**人に対してイライラ**すること

『情熱』と『得意・強み』この2つの掛け算が、あなただけがもつ唯一無二の【才能=ギフト】になります！

【情熱】を見つけるカギは『時間を忘れて熱中する』こと

【情熱】は**『時間を忘れるほど打ち込める』『気づくと熱中している』**ことから見つかります。

親や先生、目上の人といった自分にとって**権威性のある人から止められても『どうしてもやりたくて、取り組んだ』**こと……

『お金をもらわなくても、提供したくなる』こと……

これらは、**すべて『情熱』と繋がっています。**

例えば、僕は親友の自殺未遂を体験した23歳以降に、困っている人を見つけて、話を聴くことに情熱がありました。当時住んでいた寮を抜け出しては夜な夜な相談を受けたり、話を聴きに行っていました。お金をもらわなくてもやらずにいられないこと、つまり『情熱』です。

あとは難しく考えず**「日常のなかから、自分の情熱を探したい！」と思ったときは、本棚を見るのも1つの手**です。

つい買ってしまう本のなかで、特定のジャンルが多い場合は、そこに情熱があります。

ちなみに僕は、昔から『人間力』という言葉に惹かれて、書店に行くと、心理学の本が気になって買い込んでしまいます。

人間力を育む『心の勉強』に情熱があって『聴き力』（コーチング）が得意……

だから『聴き力』で『人の心の状態を読み解く』ことに才能があり、プロのコーチとして2万人以上のコーチングを行なってきました。

【得意・強み】を見つけるカギは『頑張らなくてもできる』こと

じつは**【得意・強み】**は『**頑張らなくてもできる**』ことから見つかります。

例えば『**頑張っているつもり**』**はないのに、周りの人から感謝されたり、褒められること、仕事や活動のなかで結果を出せてしまうこと**は、ありませんか？

苦手なことを努力して頑張ることよりも『**頑張らなくても、当たり前にできる**』ことのほうに、本来もっている『得意』が隠されているのです。

また、挫折や苦難、逆境という『マイナスの感情体験』を、**乗り越えたことで得られた『能力や強み』**にも着目してみましょう。

「この出来事や苦しみがあって良かった」とまでは思えなくても「その出来事があったからこそ、成長できた」と思えれば、誰にも奪われない『強み』へと育つのです。

あとは『**人に対してイライラしてしまう**』こと……

意外かもしれませんが、**じつは得意・強みの裏返し**なのです。

僕の場合、伝え方がキツい人、挨拶ができない人、いつも暗い人、自分の話ばかりする人に、ついイラッとしてしまいます（笑）。

「え、なんでできないの⁉」とイライラすることは……

自分が『**当たり前にできる**』**こと＝**『**自然に身についた強み**』です。

「もっと、こうしたらいいのに！」とイライラすることは……

自分が『**意識している**』**こと＝**『**努力で身につけた強み**』です。

「嫉妬の感情は、武器になる」〜じつは、嫉妬も才能の種？〜

嫉妬って「人に抱いてはダメな感情だ」「マイナスの感情だ」と思っていませんか？

嫉妬するのも、嫉妬されるのも、あまり気持ちのいいものじゃありませんよね？

でも『才能を探す』という文脈では、**嫉妬にも『才能のエッセンス』が隠れています。**

嫉妬こそ、じつは才能を見つけるヒントになるのです。

そもそも「なぜ嫉妬をするのか?」と言うと、自分の根底に『憧れ』の気持ちと「本当は自分もやりたいし、自分にならできる」という『期待』があるからです。

『嫉妬』は『自己信頼』の表れ、つまり『自分にも才能がある』と思っているのです。

そう思うと「嫉妬も悪いものじゃない」そんな気がしますよね。

つまり、自分が『情熱を注いでいるジャンル』であなたが嫉妬してしまう人……嫉妬するくらい、成果を出したり活躍をしている人は『**未来の自分の姿**』**にもなりうる人**です。

僕は数年前に、YouTube講演家の鴨頭嘉人《かもがしらよしひと》さんの講演会を初めて見に行きました。今でこそ、師匠として慕っていますが、初めて講演会を体験したときは衝撃でした。

「スピーチで、人の人生を変えている!」

鴨頭さんが講演をされている姿に、僕は感動して涙を流したけれど、同時に心のなかでは、嫉妬にも燃えていました。自分の腑甲斐《ふがい》なさや圧倒的な力不足を感じたのです。

「なんで自分には、人の人生を変える力がないんだ！」

「なんで自分は、観客側にいるんだ！」


その後、鴨頭さんからスピーチを学び、今では講師として活躍できるようにもなりました。

もし嫉妬してしまう相手がいるなら、その感情には蓋をせず、育むべき武器にする……

嫉妬の感情こそ『強い武器』にして、自分軸を磨いていくといいと思います。

『才能』のよくある5つの勘違い！「自分には才能がない」は思い込み

「自分には才能がない！」と思い込んでいる人も【情熱×得意・強み】という方程式を使えば、誰でも【才能＝ギフト】が見つかります。

そうは言っても「自分の強みや才能が分からない」「自信がもてない」という声をよく聴きます。

そんな人にぜひ知ってほしい、よくある5つの勘違いを紹介します。

勘違い1
『仕事の実績』『社会での活躍』が才能だ

社会で活躍している経営者や、その道で名の知れた権威性のある人は「何か特別な才能があるからだ」と思いますよね。

確かに才能を発揮していると思いますが、じつは『社会で活躍している』という状態は、たまたま『才能と市場ニーズ』が重なっているだけです。

いわば、**仕事の結果や成果にフォーカスされている状態**です。

「社会での活躍や仕事の実績、突出した能力だけが才能だ」「だから、自分には才能がないんだ」と思いがちですが、それは大きな勘違い。

なぜなら『才能』は、社会での活躍や仕事の結果、成果に関係なく、誰もが必ずもっているギフトだからです。

そして、**方程式を使えば、誰でも見つけられるもの**なのです。

POINT
▼▼▼ 『才能』は、方程式を使えば見つかる！
『仕事の実績』や『社会での活躍』は関係ない

勘違い2 『人よりも優秀』でないと才能ではない

次によくある例ですが『人と比べて、秀でることが才能』だと勘違いしてしまうケースです。

「あの人より、優秀だよね」

「職場でいちばん成果を出しているから、才能があるよね」

一般的に、皆さんが勘違いしている**【間違った才能の方程式】**は**『他人の能力や結果』**

から**『自分の能力や結果』を差し引いたもの**です。

《間違った方程式》
他人の能力・結果－自分の能力・結果＝才能

例えば、僕は『話し方の学校』という学びの場所で、副学長をさせていただいています。

その学校の学長であり、主宰を務めているのは、僕の『スピーチの師匠』でもあるYouTube講演家の鴨頭嘉人さんです。

「市郎には、スピーチの才能があるよ！」

そう勇気づけられて、師匠の言葉を愚直に信じて、スピーチの講師にもなった僕ですが……

間違った方程式に当てはめると、僕、森田市郎の『才能』は……

『師匠・鴨頭嘉人さんのスピーチ力』－『弟子・森田のスピーチ力』＝『森田の才能』

と、なってしまいますよね。

「人よりも優れているか、劣っているか」で評価をされて、才能が減ったり、才能に優劣がついたら、僕はスピーチの講師、ましてや副学長にはなれていません。

もちろん『結果』は人と比べてもいいし、切磋琢磨《せっさたくま》したり、自分の成長に繋がることもありますが、『才能』や『人気』というのは、本来『人と比べるもの』ではないのです。

なぜなら**『才能の内訳』は、自分の【情熱】と【得意】だから**です。

『間違った方程式』を使って「自分に才能がない」と勘違いするのは、非常にもったいないことなのです。

POINT ▼▼▼ 才能は『誰かと比較』しなくていい！『間違った方程式』ではなく『正しい方程式』を使おう

≪間違った方程式≫

他人の能力・結果−自分の能力・結果＝才能

≪正しい方程式≫

自分の『情熱』×自分の『得意・強み』＝才能（ギフト）

勘違い3
『職業』にできないと才能ではない

例えば、世の中には、野球選手やサッカー選手がいますよね。彼らは好きなことを職業にできた数少ない人たちで『突出した才能』が仕事になった、分かりやすい例だと言えます。

もちろん『職業』と重なったら、最強の才能ですよね。

ただ「野球が才能だ」とひとくくりにするのは、じつは抽象度が高すぎるのです。


「野球のなかでも、とくに何に情熱を感じて、何が得意なのか？」


例えば、たったひと握りの野球選手になれた人……

彼らは『野球』というスポーツに情熱をもって、野球のプレーや鍛錬を続けることが得意です。

プレーを通して感動を生み出したり、人々を勇気づけることに心が沸いたち、苦しい挫折やハードな練習も耐え抜けるのかもしれません。

では、野球選手になれない人は、才能がないのでしょうか？

じつは解像度を上げるだけで『あなただけの才能』が見つかります。

例えば、仲間と力を合わせる『チームの一体感』に情熱が湧き『寄り添って応援する』ことが得意なら、どんな仕事をしても、チームリーダーの才能を発揮できます。

『人の力の可能性』『トレーニングの面白さ』に情熱が湧き『教える』ことが得意なら、プレーヤーでいるより、コーチの才能があるかもしれません。

『人に感動を与える』ことに情熱が湧き『戦略を考える』ことが得意なら、スポーツや音楽、エンタメなど、人に感動を与える分野で、マーケティングの才能を発揮することができそうです。

面白くないですか？　同じ『野球』のなかでも、いろいろな『才能』が見つかります。

大事なことは、**現在の職業やビジネスに直接、繋がっていなくてもいい**、ということ。

そして誰にでも『情熱』と『得意・強み』があり、掛け合わせた『才能＝ギフト』をもっている、ということ。

才能が見つかれば、その**『才能を活かす手段』として、新たな仕事や活動といった『活躍する場』を選ぶ**ことができるのです。

POINT
▼▼▼ 『職業』に直結しなくても才能！
『才能の解像度』を上げると『活躍の場』が見つかる

勘違い4
『資格に書ける能力』でないと才能ではない

例えば「英語が大好きで、ＴＯＥＩＣ９００点です」という人なら、英語力を活かした仕事に就けます。

「３歳からピアノを習い、音楽大学を卒業しました」という人なら、ピアニストや作曲家を目指したり、ピアノを教える仕事ができると思います。

でも才能は、例えば『英語力』や『ピアノ』『簿記検定』『ファイナンシャル・プランナー』といった、履歴書の資格に書けるような能力でなくてもいいのです。

『聴き力がある』『空気が読める』『コツコツ練習できる』といった、**自分の生活や身の回りの人間関係に活かせる【得意・強み】も『大きな才能』の1つ**です。

そして『得意・強み』に『情熱』が加わることで、その人だけの【才能＝ギフト】が見つかります。

例えば、僕が『自分軸の発掘』をお手伝いしたなかに、こんな男性がいました。

彼は、あるテニススクールで事業所長を務めている人でした。

いくつかのエリア、スクールを管轄していて、お客様の数は3万5千名、彼が管理しているメンバーは社員、アルバイトを含めて100名以上いました。

当時の彼は、メンバーに『自分の経験したノウハウや正解を教える』という接し方をしていました。

でも、あるとき「自分が現場にいないと成り立たない」「メンバー自身が自分で考えて、自ら動いていない」と気づいたんです。

メンバーに質問をすると、本当にもっているアイデアや意見は言わずに『上司である自分の正解』を当てに来てしまう……

自分は、「彼はメンバーの想いや感情に寄り添えていないんだ」と気づきました。

仕事の内容や接客について、1人1人が本当はどう取り組んだらいいか……

「答えは、僕のなかではなく、メンバーのなかにあるはずだ」

「メンバーの答えに寄り添って、みんなを輝かせたい」

彼は、情熱が溢れるまま『聴き力』つまりコーチングのスキルに磨きをかけました。

そこから社内の人間関係やコミュニケーションがガラリと変わりました。

ミーティングでは、メンバーから活発に意見が出るようになり、チームワークも劇的に良くなりました。

「レッスンの内容はどうしよう？」「このイベントなら、お客様に喜んでもらえるかな？」

このようにミーティングでは、自発的に意見が出るようになりました。チームワークも劇的に良くなりました。

その結果、全国に30店舗あるスクールのなかで、中間だった業績がみるみる上がり、**2年連続、全国1店舗だけが表彰される『優秀ステージ賞』を受賞しました。**

2年連続の受賞は、40年の歴史のなかで2校だけ。

『お客様の継続率が高かった事業所』としても全国1位になりました。

その後も、**社内で一番輝いたフロントメンバー（受付）に贈られる『ベストフロント賞』、入社2年以内のメンバーから選ばれる『新人賞』など、彼の事業所から多くのメンバーが受賞**し、自分のやりたいことを見つけて成長を遂げています。

彼の才能（ギフト）が、いかんなく発揮された結果でした。

【情熱】……………………「1人1人を輝かせたい」
【得意・強み】……………「聴き力」
【才能】……………………「人の可能性を引き出すリーダーシップ」

彼は、もともと僕の主宰する『聴き力の学校』という『自分軸・コーチング』が学べる場の生徒だったのですが、数年前から『聴き力の学校』の副学長を務めてもらっています。

会社では副業が禁止だったなか、彼の行動から、会社で副業が認められるようにもなり、公私ともに活躍してくれています。

才能は、履歴書の資格に書ける能力ではなくても大丈夫。『情熱』と『得意・強み』を掛け合わせた、唯一無二のギフトなのです。

POINT
▼▼▼ 『日常生活』『人間関係』に役立つ力こそ才能！
才能を発揮すると、売上や業績もアップ

▼▼▼▼▼
勘違い5
『長所』だけが才能だ

「あなたの短所はなんですか？」と聴かれて「私は、これが苦手です」「こんな悪いところがあって……」と答えると、どんな気持ちになりますか？

普段、失敗したことや、幼少期から怒られてきたことを思い浮かべて「自分はダメだ」と罪悪感を抱いたり、自己肯定感が下がってしまう……残念な気持ちになりませんか？

それは「非常にもったいないな」と思います。

なぜなら、**短所は『才能が暴走している』状態**でしかないからです。

僕は『短所から才能を見つける』という考え方が好きです。


あなたの才能が暴走しているだけなら、短所を「絶対になくさないといけない」と思う必要もありませんよね。

『暴走が起きている』ことに気づいて『才能が活躍する場』を作ればいいのです。


ここで**【リフレーミング】という考え方**を説明させてください。

リフレーミングとは『**物事や状況を別の視点から捉え直す**』という心理学の用語です。

短所だと思っていることも、じつは裏を返せば長所にもなる、という考え方です。

例えば『変化が苦手』で「臨機応変に対応ができないところが短所だ」と思っているとします。


でも裏を返せば『同じことを繰り返し続ける』ことができる才能でもあります。

そういう人は咄嗟に切り抜けられる『発想力』や『柔軟性』より、1つのことに取り組み続ける『継続力』や『誠実性』が求められる仕事に、活躍の場がありそうです。

また「人を頼ることが苦手だ」「人とうまく協力体制を作れない」と短所を挙げる人は、裏を返せば『責任感』が強かったり、1人で物事を『遂行する力』があります。

だから、人から怒られた体験、失敗や短所だと思っていることからも、自分ならではの『才能＝ギフト』が見つかるのです。

ぜひ、224ページに掲載している『58個の才能カード集』から、短所（才能の暴走）の項目を確認してみましょう。

POINT ▼▼▼ 短所は『才能が暴走』している状態！
暴走に気づき、活躍する場を作ればOK

1：『仕事の実績』『社会での活躍』が才能だ

⇩『才能』は方程式を使えば、誰でも見つかる！

『仕事の実績』や『社会での活躍』は関係ない

Check! 才能に対する『5つの勘違い』リスト

2：『人よりも優秀』でないと才能ではない

⇩才能は『誰かと比較』しなくていい！

『間違った方程式』ではなく『正しい方程式』を使う

≪間違った方程式≫

『他人の能力・結果』－『自分の能力・結果』＝才能

≪正しい方程式≫

自分の『情熱』×自分の『得意・強み』＝才能（ギフト）

3：『職業』でないと才能ではない

⇩『職業』に直結していなくても才能！

『才能の解像度』を上げると『活躍の場』が見つかる

4：『資格に書ける能力』でないと才能ではない

⇩『日常生活』『人間関係』に役立つ力こそ才能！

才能を発揮すると、売上や業績もアップ

5：『長所』だけが才能だ
⇩短所は『才能が暴走』している状態！
暴走に気づき、活躍する場を作ればＯＫ

『才能』を見つける目的は『人生に熱中する』こと

『才能』は、自分の【情熱から生まれる】ものです。

そのうえで、自分の【得意なこと・強みと掛け合わせた】もの……

要は、**もともと備わっている、神様から与えられた『ギフト』**です。

まず、第2章で、あなたの『感情が動いた体験』から『大切にしたい価値観』を見つけました。

『本当にやりたいこと』つまり「どんな行動をとると心が満たされるのか？」が分かるようになりました。

次に、この章では『情熱』と『得意・強み』が分かったので、その掛け合わせで『才能＝ギフト』を見つけるワークに取り組みます。

『本当にやりたいこと』に向かって、あなただけの『才能＝ギフト』をどう使えばいいのか……

才能を使って「どんな人になりたい？」
才能を使って「どんなゴールに向かいたい？」

才能の使い方、つまり『自分の活かし方』が分かると『目標』を立てやすくなります。
目標が立てられると、次に『行動』が生まれますよね。

その**『行動』こそが人生を変えます。より自分らしく生きるための『自分軸』を太くし**

ていくのです。

Check!

才能を見つける5つの目的

- 『**自分の活かし方**』を知ること
- 『**活躍する場所**』を見つけること
- 『**人生に熱中する**』ためのヒントを得ること
- 『**目標**』を立てて『**行動**』に繋げること
- 自分の人生を『**自分らしく生きる**』こと

そもそも、**人には97%の『潜在意識』に価値観を含むエッセンス、才能などが隠されています。**

「自分の才能が分からない」「自分の人生に熱中していない」「心に火がつかない」と思うなら、このあとのページで、潜在意識から才能を見つけるワークをしていきましょう。

【自分軸ワーク③】『情熱』『得意・強み』から【才能】を見つけよう！

子どもの頃から今に至るまでの、思わず情熱を注いでしまうことや得意なこと、強みを思い浮かべてみましょう。

●情熱を引き出す質問集

「時間を忘れて、熱中したこと／のめり込んだこと」
「家族や先生、目上の人から止められても、取り組んだこと」
「つい買ってしまう本のジャンル」
「お金をもらわなくても、やりたくなってしまうこと、やってあげたくなること」

●得意・強みを引き出す質問集

「人から褒められること／感謝されること」（自分にとっては、できて当たり前のこと）
「頑張らなくても、結果を出せること」
「困難を乗り越えたことで身についた能力」
「人に対して嫉妬すること」
「人に対してイライラすること」

【『情熱』の書き方のポイント】

1、出来事を思い出す

このあとのワークに書かれた質問について、答えやすいところから考えてみましょう。
出来事は、幼少期から学生時代、社会人時代、日常のなかで、いつの期間の出来事でも大丈夫です。学び、気づきがあるかどうかは、いったん考えなくても問題ありません。

2、そのなかで「何に情熱が湧く？」と考える

出来事のなかでも「何に情熱が湧くか」を考えてみてください。

また、日常のなかでその情熱を活かすことができるシーンがないかを考えるのも効果的です。

例えば、昔から心理学の本をよく読んでいる人には「人の心を理解すること」に情熱がありそうです。その情熱を仕事や人間関係に活かしてみてはどうでしょうか？

例えば、落ち込んでいる人とコミュニケーションをとるときに「どうしてそう考えるんだろう？」「何があれば前向きに頑張れるだろう？」と、情熱をもって関わることで解決のヒントが見つかりやすくなります。

そもそも自分が情熱をもっている分野なので、疲れを感じず自分を活かすことができます。

【『得意・強み』の書き方のポイント】

1、少しでも思ったことを書く。人と比べなくてOK!

とくに「よく感謝されることは?」などの質問に「そんな私なんかが……」「〇〇さんに比べたら」と差し引いてしまうことがあります。
少しでも該当すると思ったら、躊躇なく書いていくことがポイントです。

2、「嫉妬・イライラ」は感情が芽生える要因を考える

嫉妬・イライラの質問は「人」に対してではなく、その人の「どこ」を見て、その感情が芽生えるのかに注目しましょう。

例えば後輩の「Aくんにイライラする」ではなく、Aくんの「挨拶をしない部分」にイライラするという具合です。

才能が見つかる『情熱』あぶり出しシート

【時間を忘れて、熱中したこと／のめり込んだこと】

・出来事 （いつ、どこで、誰と、どのように）	・そこから分かるあなたの情熱は？

【家族や先生、目上の人から止められても、取り組んだこと】

・出来事 （いつ、どこで、誰と、どのように）	・そこから分かるあなたの情熱は？

【つい買ってしまう本のジャンル】

・本のジャンル	・そこから分かるあなたの情熱は？

【お金をもらわなくても、やりたくなってしまうこと】

・出来事 （いつ、どこで、誰と、どのように）	・そこから分かるあなたの情熱は？

才能が見つかる『得意・強み』あぶり出しシート

【人から褒められること／感謝されること】

・出来事 （いつ、どこで、誰と、どのように）	・何が『得意・強み』だと思う？

【頑張らなくても、結果を出せること】

・出来事 （いつ、どこで、誰と、どのように）	・何が『得意・強み』だと思う？

【困難を乗り越えたこと】

・出来事 （いつ、どこで、誰と、どのように）	・磨かれた（身についた） 『得意・強み』は？

【人に対して嫉妬・イライラすること】

・出来事 （いつ、どこで、誰と、どのように）	・自分が無意識にできている 『強み』、または意識して気を つけている『強み』は？

 ⇒『ワーク解説』動画集＆事例PDFをCheck！（詳しくはP.14へ）

才能が見つかる『情熱・得意・強み』あぶり出しシートのまとめ

【これまでを振り返って、改めて『情熱』を感じることは？】

【これまでを振り返って、改めて『得意』なことは？】

【これまでを振り返って、改めて『強み』だと思うことは？】

【あなたの『情熱』『得意・強み』と関連していると思う『大切にしたい価値観』は？】

（109 ～ 112 ページの『感情体験』あぶり出しシートのまとめと照らし合わせてみましょう）

【そこから導き出せる、あなたの『才能』は？】

（※悩んだら、224 ページの『才能』カード集を参考に考えてみましょう）

⇒『ワーク解説』動画集＆事例PDFをCheck！（詳しくはP.14へ）

才能に気づけば『活躍できる場所』が見つかる

この章では『情熱』と『得意・強み』をあぶり出し、それらを掛け合わせた『才能』を言語化しました。

才能が見つかれば、どう活かすかが分かり『活躍できる場所』を見つけられます。

ここで、僕が『自分軸の発掘』のお手伝いをさせていただいたなかで、とくに印象的だった女性のお話を紹介させてください。

彼女は生まれつき片目が開かなくて、小学生のときに「気持ち悪い」と言われた体験から、ずっと人の目を見られず、うつむいて過ごしていました。

そんな彼女のコミュニケーションは、友だちを主人公にした漫画や得意な絵を描いて、大切な人にプレゼントすること。

「家で何時間かけて描いたとしても、その時間がすごく楽しくて幸せ」

その後、手術をして片目は開くようになったけれど、絵を描いているときだけが『人と繋がっている』『人に想いが届いた』と実感できました。

「社会に出たら、私は作品を作って生きていこう！」

でも……

「1人で作品を作っても、全然楽しくない……ワクワクしない……」

「どうしたら、もっと人と繋がれるんだろう」

そんなとき、僕の主宰する『聴き力の学校』で、たくさんの仲間と出会ってくれました。

「こんなに人のために頑張れる人たちがいるんだ」

「人のために生きることが、どれだけ素晴らしくて幸せなのか」

仲間との出会いを通して、彼女は自分の『情熱』『強み』『才能』に気づき、本当にやりたいことを見つけました。

彼女は、自分が『人と繋がりたい』という気持ちをずっと絵という形にして伝えてきたのです。

「誰よりも努力する人の想いを形にしたい」

「これから一生かけて、自分ではなく『人のため』にものを作っていこう」

『人と繋がりたい』という情熱と『絵やデザインで表現することが得意』という強みを掛け合わせて『人の想いを形にする』という才能を発揮しています。

僕もよく仕事をお願いするのですが、彼女はデザイナーという仕事を『活躍の場所』にして、日々人の想いを形にし続けています。

第4章

【目標】を作ると【人生】が変わる

人生を変えるのは『行動』！カギは目標の作り方

いよいよ最後の章に突入します。今まで学んだことの復習をしてみましょう。

第1章では【自分軸】について学びました。

まず【自分軸】とは……

自分の大切にしたい

【価値観】に満たして生きること

本当に【やりたいこと】を見つけて、

才能を発揮し、そこに向かって生きること

そして『自分らしく情熱的に生きている実感』が【自分軸】です。

≪自分軸を見つける方程式≫
本当にやりたいこと×才能＝自分軸
⇩自分らしく情熱的に生きている実感

第2章では【価値観】について学びました。

過去から現在の『もっとも感情が動いた体験』を特定することで『大切にしたい価値観』が見つかりました。そして、自分が『大切にしたい価値観』を満たす【行動】こそが『本当にやりたいこと』だと分かりました。

では『本当にやりたいこと』に向かって、どう取り組んでいくか……『才能』を発揮して、『自分を活かしていく』ことが重要です。


第3章では【才能】について学びました。

才能とは……
- **『情熱』……時間を忘れて熱中してしまうこと**
- **『得意』……頑張っているわけじゃないのに、人から感謝されたり、褒められること**

・『強み』……困難を乗り越えて得られた能力

これらを掛け合わせたものが才能です。神様から贈られた、唯一無二の『ギフト』です。

そして才能は、誰でも必ず見つかる【方程式】で見つかります。

≪才能を見つける方程式≫

情熱×得意・強み＝才能(ギフト)

苦手な分野を克服するより『才能＝ギフト』を存分に発揮するほうが、イキイキと活躍できて、結果も出やすいですよね。

『自分を変える努力』よりも『自分を活かす努力』が効果的です。


ただ残念ながら、それだけでは人生は変わりません。

いよいよ、この章では『本当にやりたいこと』に向かって、自分の『才能＝ギフト』を活かしながら【どんな行動を作るか】を見つけます。

人生を変えるのは『行動』です！

第4章では、行動を作るための【目標】について学びます。

具体的に『行動』を変えることで『人生の結果や変化』を起こしていきましょう。

そして『人生の主人公』として輝くために、**一生モノのブレない【自分軸】**を身につけましょう。

「目標が達成できない！」本当の原因は『勘違い』？

「目標を立てましょう」と言われると「目標を立てるのが苦手」「目標を立てただけで終わってしまう」「いつも挫折して、達成できない」と悩む人がいます。

その原因は、何だと思いますか？

もっとも大きな理由は、**自分の『大切にしたい価値観に沿っていない』**こと。

そして『**勘違いをしている**』ことです。

次に挙げる『目標の勘違い』チェックリストを確認して、自分がいくつ当てはまっているかをチェックしてみましょう。

Check! アナタは大丈夫？『目標の勘違い』チェックリスト

1つでも当てはまったら『目標の作り方』を勘違いしている可能性があります。
この章のワークで『目標』について、しっかり学びましょう。

□目標は『1つ』でないといけない
⇩目標は、いくつあってもOK

□目標が『変わる』ことはいけない
⇩目標は、変わってもいい

□『立派な目標』でないといけない
⇩あなたが『納得した目標』こそが正解！

□目標は『設定できればいい』と思っている
⇩目標は『大切にしたい価値観』を満たすから意味がある

□『人に決められた目標』を掲げている

⇩『他人軸で作られた目標』は『行動』に繋がらない

□『抽象的な目標』になっている

⇩『期限を決める』だけで具体的になる

□目標は『無理に作らないといけない』と思っている

⇩目的は『幸せに生きる』こと

『価値観を満たす行動』ができていればＯＫ！

□『人の役に立つ目標』でないといけない

⇩まずは『自分を満たせる目標』を立てる！

自分が満たしてから、人に与えられるようになる

□目標は『立てたら完成』だと思っている

⇩常に見直すことで『行動』が変わり、最高の未来を作れる

□『目標を立てる』ことが苦手
⇩『価値観に紐づいた目標』なら作りやすい
「明日にでも行動したい」と思える

1つでも当てはまったら、この章のワークを実践しましょう。

正しく目標が設定できると『行動』が生まれ、人生の充実度が増します。

自分軸に基づいた『目標』は「明日にでも行動したくなる」

皆さんは、そもそも【いい目標】とは、どんなものだと思いますか?

数字で測定ができる目標……現実的で、達成できそうな目標……具体的で、期限がある目標……

一般的に、よく使われる『SMARTの法則』(スマートの法則)も、いい目標設定の方法ですよね。

じっさいに、僕も取り入れています。

でも『いい目標』の条件としていちばん大切なのは、**自分の『価値観に紐づいた目標』を設定しているか**どうかです。

例えば、僕が『他人軸』の状態で過ごしていた学生時代は、親から望まれた「後継者になって、家業を継ぐこと」を目標にしていました。

今では自分の想いと一致しているけれど、当時は残念ながら、そもそも自分の『大切にしたい価値観』が分かっていなかったので、その目標に向かって行動することができませんでした。

また『人から決められた目標』は自分の価値観ではないから、人生を変えるほどの『行動』には繋がりづらいんですよね。

でもこの本で見つけた『本当にやりたいこと』『才能』からなら**「明日にでも行動した**

くなる！」そんなダイナミックな目標が作れます。

▼▼▼▼▼『目標と目的の話』〜北極旅行の準備は何をする？〜

『目標を作る』うえで、知ってほしいことがあります。

それは『目標と目的』の関係性です。

1．例えば『旅行に行く』ことを想像してください。

「今から2週間、旅行に行くので、荷物の準備をしてください」と言われます。

なんとなく、普段使っている日用品……例えば、洗顔セットや肌着などを揃えますよね。

2．次にあなたは『行き先』つまり『目標』とする場所を知らされます。

「これから向かう先は、北極です」

そう言われると、準備する荷物が変わります。

3. さらに、旅行の『目的』が明確になります。

「北極に行く目的は、オーロラ観測です」と言われるのと「北極に行く目的は、化石の発掘です」と言われるのでも、荷物が変わりそうじゃないですか？　例えば、オーロラ観測ならカメラやテント、化石の発掘なら、ハンマーやゴーグルが必要になりそうですよね。

「ここに向かおう」という【目標】の場所が北極だと分かっても「なぜ、向かうのか」という【目的】が分からないと、正しい行動ができないのです。

つまり、**目標と同時に『目的』をもってこそ、今日、これからの1週間、その先の1ヶ月……何をしたらいいかが明確になる**のです。

この章では『目的』までしっかり押さえられるような『目標の作り方』をお伝えします。

いい目標は『理想の未来』から作ることが鉄則！

【過去から現在】までの出来事を振り返り、自分の『大切にしたい価値観』や『本当にやりたいこと』『才能』を見つけました。

この土台を押さえたうえで、**目標は【未来から探す】ことが重要**です。

なぜなら**【自分軸】とは、自分が最高だと思う『理想の未来』に向かって、今日から生きること**だからです。

未来に向かって、情熱もないままなんとなく生きる、今の自分の延長線上を歩く……

もしそんな人生を歩んでいるなら、この本との出会いを機に、一緒に変えていきましょう。

『GROWモデル』を使って2つの未来を描いてみる

皆さんは『**GROWモデル**』（**グロウモデル**）という言葉を聴いたことはありますか？

『GROWモデル』とは現状と未来を明らかにすることで、目標達成を効果的にサポートするコーチングの基礎的な手法です。

『GROWモデル』とは？

1、【Goal（ゴール）】………実現したい『理想の未来』
2、【Reality（リアリティ）】………………『現在地』
【Resource（リソース）】………役に立ちそうな『資源』
3、【Options（選択肢）】………『行動』の選択肢
4、【Will（意思）】………行動の『選択と実行の決断』

この4つの要素で構成されています。

この『GROWモデル』の考え方では『未来』とは、そもそも2つあることが分かります。

それは……

・延長線上の未来……現状の『延長線上の未来』

・理想の未来………現状の延長線上にはない、本当に望む『理想の未来』

1つ目の『延長線上の未来』は「このまま行ったら、こんな状態になるよね」という想定内の未来です。

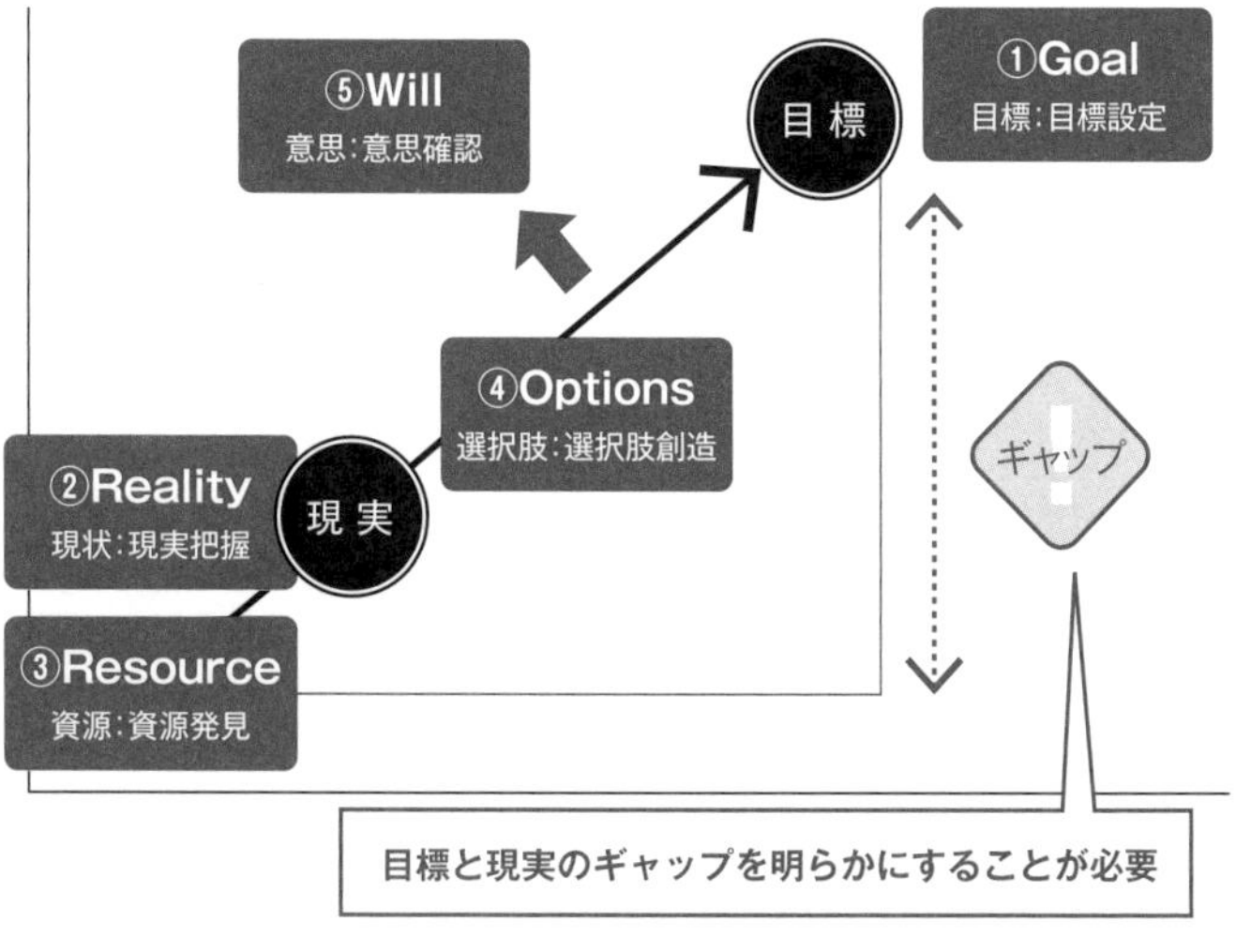

例えば、経験豊富な営業職の人が1年後に『売上が105%になっている』『会社でリーダー職に就いている』というのは、想像できそうな未来ですよね。

そこまで本気を出したり、思いっきり努力をしなくても、時間の経過とともに得られそうな未来です。

一方『理想の未来』は、現状の自分では届かないかもしれないけれど「1年後、3年後、10年後、本当はどうなったらいいのか？」という基準で描く『本当に望む未来』です。

理想の未来に向かって、今日から生きることで、本当の『自分軸』が身につきます。

Check!

【理想の未来を実現する！】たった1つのコツ

「今の自分では、手が届かないかもしれない」そう思えるほどの『理想の未来』を描くなら……一歩でも近づくために、押さえてほしい『たった1つのコツ』があります。

それは、**今から『理想の未来にいる自分』として生きる**こと。

すでに『理想の未来にいる自分』なら、何を『選択』して『行動』するか……思考や行動、在り方を『現在の自分にインストール』して、生きることが近道です。

≪理想の未来の自分を『インストール』する≫2ステップ

ステップ1：『理想の未来』を描く

（今の自分には「実現できないかもしれない」と思うほどの未来を選ぶ）

ステップ2：『理想の未来にいる自分』として、今日から生きる

≪インストールするべき8つのキーワード≫

①何を『大切』にするか
②何を『選択』するか
③どんな『考え』をもつか
④どう『行動』するか
⑤『判断』の基準は何か
⑥どんな『言葉』を使うか
⑦どんな『コミュニケーション』をとるか
⑧どう『在る』べきか

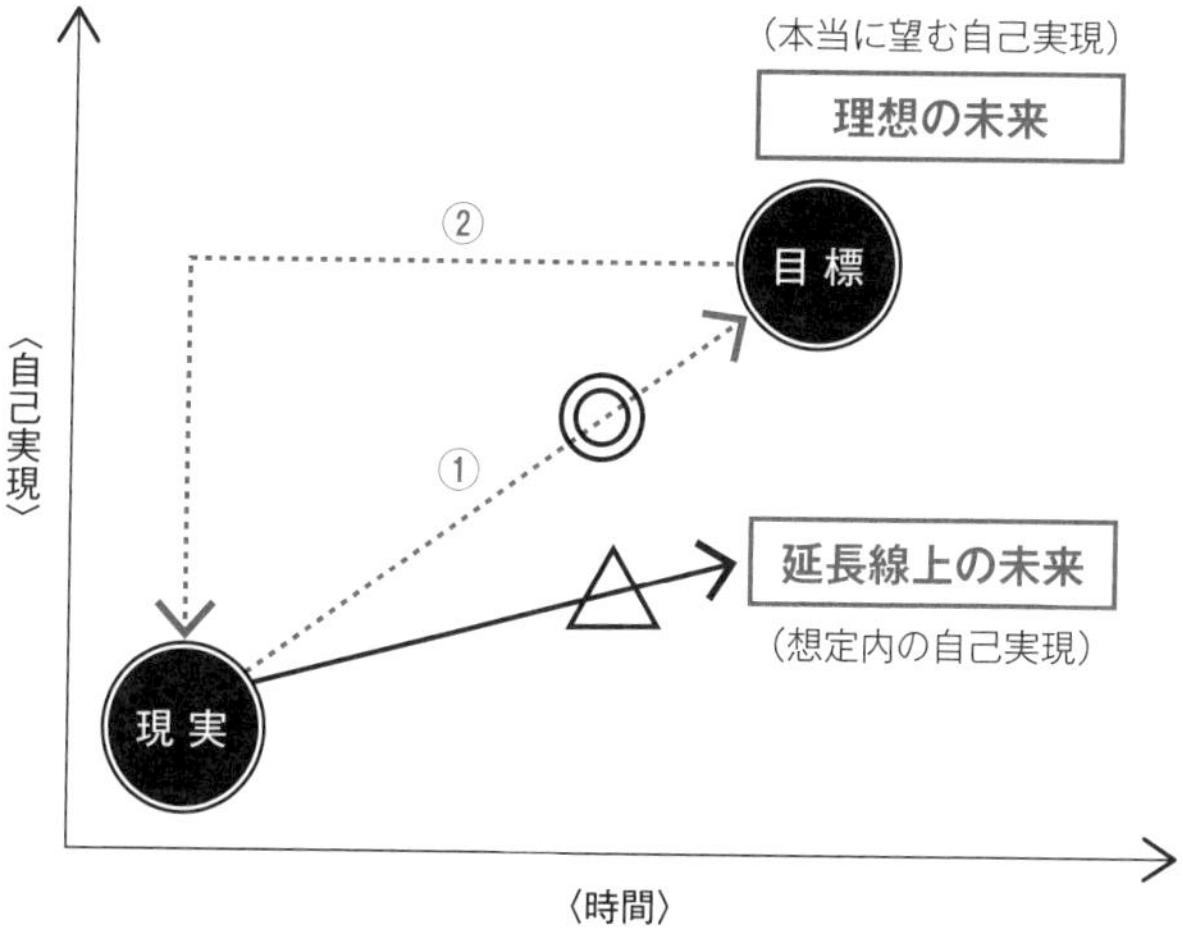

ステップ1 「理想の未来」を思い描く

ステップ2 ①の状態の自分なら「どう行動するか」を考えると「理想の未来」に近づきやすい

「理想の未来って、どう描くの？」『大目標と小目標』を見極める

では、理想の未来に向かって、どう目標を立てればいいのでしょうか？

じつは、目標を立てるとき**『大目標と小目標』という考え方**が存在します。

例えば、風邪を引いている人に「本当はどうなったらいいですか？」と聴くと「体調を戻して、元気になりたい」と答えますよね。

でも、それは『理想の未来＝本当の目標』ではなく『延長線上にある未来』であり、マイナスがゼロに戻っただけです。

では「その先で、どうなったらいいの？」と聴くと「健康的な体をキープしたい」例えば「50歳になっても、いつでも動ける体になっていたい」と答えるとします。

これが、小さな目標『小目標』の先にある**『理想の未来＝本当の目標』つまり『大目標』**です。

その上で「それの何がいいの？」と聴くと「自信をもって、エネルギー溢れる自分でいたい」という『目的』が出てきます。

つまり、一番最初に設定する目標は、『現状』から思い描く『目標』です。
その先に『理想の未来』を思い描く『大目標』があり、そこには『目的』が眠っています。

では、さっそく『小目標』『大目標』『目的』をすべて見つけるための『質問』例を解説しましょう。

≪『小目標・大目標・目的』を見つける質問≫

見本例：『営業職の人の目標』を深掘りしてみよう！

例：営業マンの目標設定

売上120％アップさせたい！
（＝『小目標』。これが『ゴールの目標』だと思っている人が多い）

その先でどうなったらいい？

営業部長としてマネジメントしている

その先でどうなったらいい？

営業経験を人に伝えて『支援』したい

その先でどうなったらいい？

子どもに、楽しそうに仕事する姿を見せて、
『お父さんのように人を幸せにする仕事をしたい』
と言われる（＝『大目標』）

それの何がいい？

自分の仕事に誇りをもって
子どもの『憧れの存在』になる（＝『目的』）

書いてみて（言ってみて）しっくりきている？
（大切な価値観を満たしている？）

しっくりきている場合

理想の未来のために、
今日からできることって何？

➡仕事から帰ったら、
笑顔で子どもと関わる
➡妻に感謝を伝える
➡後輩にアドバイスするetc.

しっくりきていない場合

どんな目的なら、
しっくりくる？

➡言い直してみる
or ほかの大目標を考えてみる

「その先でどうなったらいい？」3回繰り返して『大目標』を出す

『小目標』の先に眠っている『大目標』を見つけるには、この質問を『3回は繰り返す』ことがコツです。

「この答えが『大目標』だ」と特定する目安としては「その先でどうなったらいい？」と繰り返していくうちに、抽象度が上がりすぎてあなたでなくても答えられるような『味気なくなる瞬間』が訪れます。

答えが蒸留されすぎて、『自分らしさ』が抜けてしまうのです。

最終的には、人は『愛』に行きつくので、『世界平和』などの答えになっていきます（笑）。

この自分らしさが抜ける瞬間、味気なくなる瞬間がくる手前で「それの何がいいの？」と深掘りすると『目的』が見えてきます。

このステップで、

- **【小目標】……………現在の延長線上の目標**
- **【大目標】……………本当に望む『理想の未来』を叶える目標（＝『成功』ではなく『大大大成功』の状態）**
- **【目的】……………その目標を実現する意義**

この3つが一気に見つかります。

『大目標』を期限で刻むと人生を変える行動が生まれる

まず**『小目標』を糸口に、自分の『理想の未来＝大目標』を明確にすることが大切**だとお伝えしました。

その『理想の未来＝大目標』を実現するためには、ゴールに向かう過程で、いくつか『期限を設定する』ことが重要です。

例えば、大目標として『10年後の目標』（＝10年後の大大大成功）を設定したとします。

そこから『3ヶ月後の目標は？』『1週間後の目標は？』と期限を刻んでいくと、本当に叶えたい『1年後の目標』の実現度が劇的に上がるのです。『本来の目標』が分かったうえでのSMART目標を設定するのは効果的です。

例えば……

「10年後の大目標『あなたの大大大成功』ってなんですか？」

その大目標を設定したうえで

「半年後、どうなったら『大大大成功』できそうですか？」
「3ヶ月後、どうなったら『大大大成功』できそうですか？」

という具合です。

まずは、今の延長線上ではなく、頑張れば実現できる『ストレッチ目標』を大目標として掲げること。そして、期限を刻んで目標を立てると、人生を変えるほどの『ダイナミックな行動』が生まれます。

大目標を立てるとき「怖い」と思ったら大成功！

では『理想の未来』って、どんな未来でしょうか？

見つけるヒントは **「ワクワク」「ヒリヒリ」する感覚……「ちょっと怖いな」「勇気が必要だな」と思う感覚**です。「どういうこと？」と思いますよね。

『理想の未来＝大目標』を作るときに必要なのは『臨場感』と『抽象度』の高さです。
『臨場感』というのは『現実味があるか』どうか。

例えば、僕が「アメリカの大統領になる！」という目標を設定しても、恐らく無理ですよね。もはやお花畑の世界です（笑）。

でも「日本を代表するトップ起業家のコーチになりたい！」だったら、どうですか？

言葉に出すのは勇気がいるけれど、万が一でも、叶う可能性が生まれてきませんか？（笑）

そして『**抽象度が高い**』**というのは**『**社会的に影響があるか**』**どうか。**

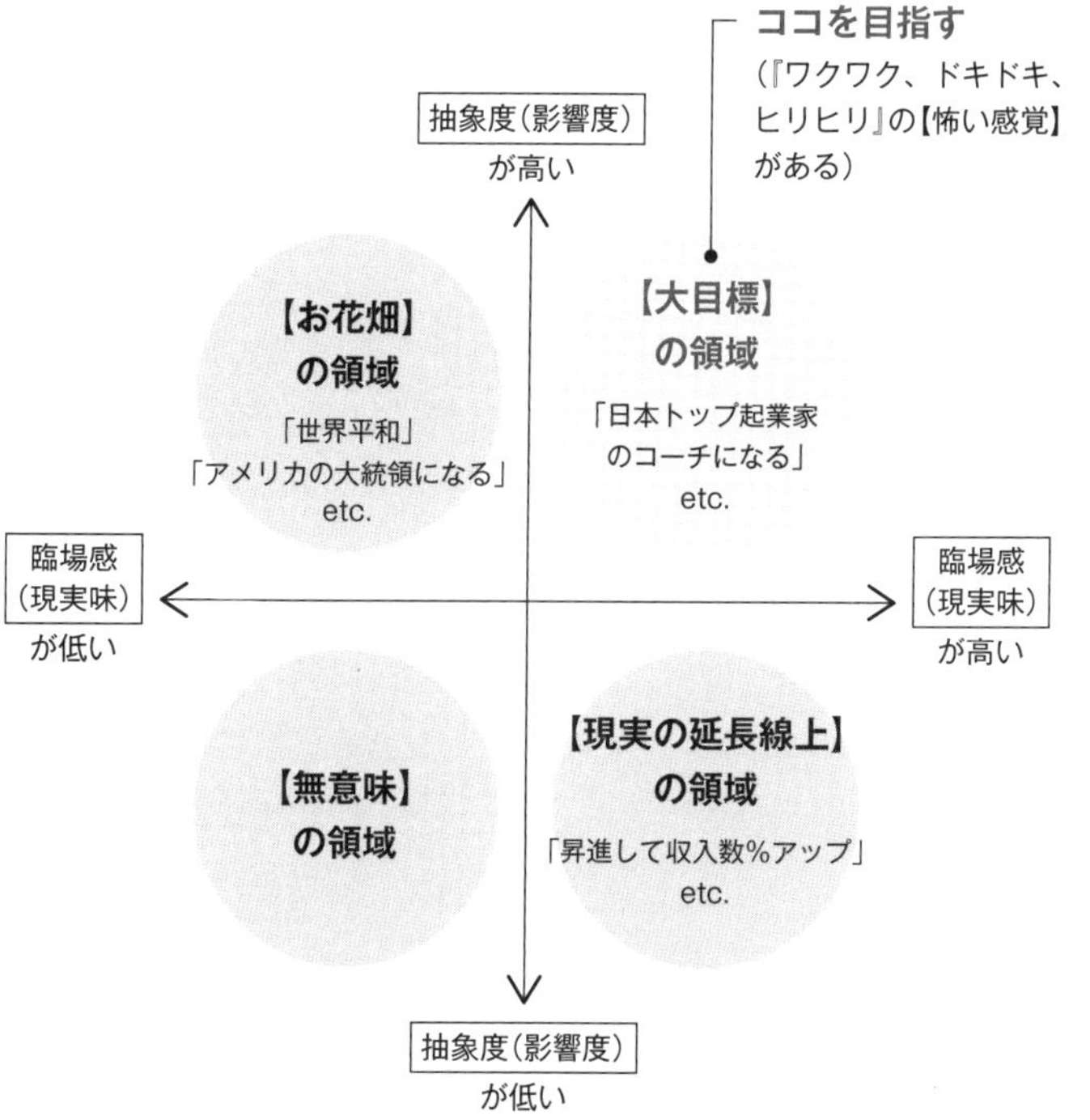

自分の半径1メートル以内で完結したり、数ヵ月や数年単位の短期的にできることではなく、中長期的に『社会』に影響を及ぼしていく内容です。

『臨場感×抽象度の高さ』を明確に判断することは、意外と難しいのですが……

1つの基準として「本当に取り組もう!」と決めたとき、または人に宣言をしたとき『**冷や汗をかくか**』『**怖さとワクワクが共存するか**』**という感情がもてる**かが指標になります。

前ページの図で言うと『大目標の領域』は『ワクワク、ドキドキ、ヒリヒリ、怖い』という感情が芽生えます。

「怖い」と思ったら大成功です! 「怖いはGO!」で一歩踏み出す勇気をもって進んでください。

【『目標設定の4大領域』まとめ】

『理想の未来=大目標』を立てるとき、だいたい4つの領域に分かれます。

- **【大目標】の領域**……………『抽象度×臨場感』ともに高い
- **【お花畑】の領域**……………『抽象度』は高くて『臨場感』は低い
- **【現実の延長線上】の領域**……『抽象度』は低くて『臨場感』は高い
- **【無意味】の領域**……………『抽象度×臨場感』ともに低い

この『大目標』の領域こそ、**あなたが本当に望む『理想の未来』**なのです。

【自分軸ワーク④】『目標』から【行動】を作ろう！

第2章で『大切にしたい価値観』、第3章で『才能』を見つけました。

この章では、この2つを土台に『理想の未来＝大目標』を立てていきます。

目標が立てられると、本当に望む『理想の未来』に向けて、具体的で効果的な『行動』を作ることができます。

● **『価値観』から目標を見つける**

1. 「もっとも大切にしたい価値観は？」
（109～112ページで書き出したものから選ぼう）
2. 「1年後、その価値観が、最高に満たされているのってどんな状態？」（小目標）
3. 「10年後、その価値観が、最高に満たされているのってどんな状態？」（大目標）

4.「それの何がいいの?」(個人的な目的)
5.「そのとき世の中に、どんな影響があったらワクワクする?」(社会的な目的)
6.「10年後の未来に向けて、3ヵ月後、具体的にどうなっていたらいい?」
7.「10年後の未来に向けて、1週間後、具体的にどうなっていたらいい?」

●『才能』から目標を見つける

1.「もっとも大切にしたい才能は?」(170ページで書き出したしものから選ぼう)
2.「1年後、その才能が、最高に満たされているのってどんな状態?」(小目標)
3.「10年後、その才能が、最高に満たされているのってどんな状態?」(大目標)
4.「それの何がいいの?」(個人的な目的)
5.「そのとき世の中に、どんな影響があったらワクワクする?」(社会的な目的)
6.「10年後の未来に向けて、3ヵ月後、具体的にどうなっていたらいい?」
7.「10年後の未来に向けて、1週間後、具体的にどうなっていたらいい?」

【書き方のポイント】

まずは次ページからの『目標』あぶり出しシート、その後『行動』あぶり出しシートに取り組んでください。

こちらの手順は、僕が普段コーチング中に使っている効果的なフォーマットの1つです。ぜひ静かな場所でワクワクしながら書いてみてください。

1、大目標は抽象度が高くてもいい

「今の自分にはできない、やり方が分からない」というレベルでOKです。そして、それを語ったら周りの人にバカにされるくらいがちょうどいいです（笑）。

前述の「ワクワク、ヒリヒリする感覚があるか？」「実現したいけど、ちょっと怖さがあるか？」という感覚を大切に考えてみましょう。

2、「もしも」を大切にする

そうは言っても、理想や目標がイメージしにくい場合は、頭に「もしも」や「例えば」をつけてみてください。

「もしも、1年後にどうなっていたら最高?」
「例えば、10年後にどうなっていたら最高?」

少しだけイメージがしやすくなるはずです。

僕のコーチングの師匠、宮越大樹さんは「今日から未来」と仰っています。

目標や未来を想像するとき、どうしても「現状からすると」「過去の傾向からすると」などと、小さな発想になりがちです。

「今日から未来」ここで描く目標は、今日の延長線上ではなく、あなたの本当に望む未来をイメージしましょう。

【価値観】から見つける『目標』あぶり出しシート

「もっとも大切にしたい価値観は?」

(109 ～ 112 ページで書き出したものから選ぼう)

1

▼

「1年後、最高に満たされているのってどんな状態?」(小目標)

(具体的にどんな場面に遭遇したら、それを実感できそう?)

2

▼

「10年後、最高に満たされているのってどんな状態?」(大目標)

(具体的にどんな場面に遭遇したら、それを実感できそう?)

3

▼

「それの何がいいの?」(個人的な目的)

4

▼

「そのとき世の中に、どんな影響があったらワクワクする?」(社会的な目的)

5

▼

「10年後の未来に向けて、3ヵ月後、具体的にどうなっていたらいい?」

(具体的にどんな場面に遭遇したら、それを実感できそう?)

6

▼

「10年後の未来に向けて、1週間後、具体的にどうなっていたらいい?」

(具体的にどんな場面に遭遇したら、それを実感できそう?)

7

⇒『ワーク解説』動画集&事例PDFをCheck!(詳しくはP.14へ)

【価値観】から見つける『行動』あぶり出しシート

「身の回りで役に立ちそうなリソースは?」～情報を集める～

(過去に成果が出たことは?／身の回りでうまくいっている人や事象は?／うまくいく人が取り組んでいることは?周りで手伝ってくれそうな人・知見がある人は? etc.)

1

▼

「現状、取り組んでいることは?」～状況を集める～

(いま実践していること／今後やろうとしていること／思いついたけど億劫なこと etc.)

2

▼

「これから取り組みたいことは?」～行動を集める～

(できそうなこと／やめたら良さそうなこと／誰にどんなコミュニケーションをとるといいか／ビッグチャレンジは?／2-3日以内にできそうなこと／10分以内にできそうなこと)

3

▼

「何から取り組んでみたい?」～行動を決める～

(いつから?いつまでに?どのくらいの期間? etc.)

4

▼

「10点満点中どのくらい?」～7点以上の行動を選択する～

『やりたい』レベルは何点? 『できそう』レベルは何点? 『効果がありそう』レベルは何点?

5

「7点以上だった行動から実践しよう」

【才能】から見つける『目標』あぶり出しシート

「もっとも大切にしたい才能は？」

（170 ページで書き出したものから選ぼう）

1

▼

「1年後、最高に満たされているのってどんな状態？」（小目標）

（具体的にどんな場面に遭遇したら、それを実感できそう？）

2

▼

「10年後、最高に満たされているのってどんな状態？」（大目標）

（具体的にどんな場面に遭遇したら、それを実感できそう？）

3

▼

「それの何がいいの？」（個人的な目的）

4

▼

「そのとき世の中に、どんな影響があったらワクワクする？」（社会的な目的）

5

▼

「10年後の未来に向けて、3ヵ月後、具体的にどうなっていたらいい？」

（具体的にどんな場面に遭遇したら、それを実感できそう？）

6

▼

「10年後の未来に向けて、1週間後、具体的にどうなっていたらいい？」

（具体的にどんな場面に遭遇したら、それを実感できそう？）

7

⇒『ワーク解説』動画集＆事例PDFをCheck！（詳しくはP.14へ）

【才能】から見つける『行動』あぶり出しシート

「身の回りで役に立ちそうなリソースは?」～情報を集める～

(過去に成果が出たことは?／身の回りでうまくいっている人や事象は?／うまくいく人が取り組んでいることは?周りで手伝ってくれそうな人・知見がある人は? etc.)

1

▼

「現状、取り組んでいることは?」～状況を集める～

(いま実践していること／今後やろうとしていること／思いついたけど億劫なこと etc.)

2

▼

「これから取り組みたいことは?」～行動を集める～

(できそうなこと／やめたら良さそうなこと／誰にどんなコミュニケーションをとるといいか／ビッグチャレンジは?／ 2-3 日以内にできそうなこと／ 10 分以内にできそうなこと)

3

▼

「何から取り組んでみたい?」～行動を決める～

(いつから?いつまでに?どのくらいの期間? etc.)

4

▼

「10 点満点中どのくらい?」～7点以上の行動を選択する～

『やりたい』レベルは何点? 『できそう』レベルは何点? 『効果がありそう』レベルは何点?

5

「7点以上だった行動から実践しよう」

『自分軸』を語って行動すると、人生が変わる

繰り返しになりますが【自分軸】とは……

自分の大切にしたい
【価値観】を満たして生きること

本当に【やりたいこと】を見つけて、
才能を発揮し、そこに向かって生きること

そして『**自分らしく情熱的に生きている実感**』が【**自分軸**】です。

≪自分軸を見つける方程式≫
本当にやりたいこと×才能＋＝自分軸
⇩自分らしく情熱的に生きている実感

『本当にやりたいこと』を見つけて『才能』(ギフト)に気づくこと……『目標』を立てて『行動』を作ることで、自分軸が確立します。

そして、もう1つ……**自分軸は、語ることで、どんどん磨かれていきます。**

語ることで『決意の回数』が増えて、想いが強くなります。想いが強くなると、それに向けて行動したくなるのです。

最後に、ある男性を紹介します。

当時、治療院に勤務していた男性がいました。

彼は『人を笑わせる』ことが好きで、困っている人や孤立している人を見ると放っておけず、自分から積極的に声をかけて、場を明るく和ませるタイプでした。

そんなとき、希望をもって入社してくれたAさんという後輩が、たった2ヶ月で退職してしまいました。理由は『上司からのパワハラ』でした。

彼は『職場と、そこで働くAさん』を繋ぐことができず、本当に後悔していました。
そこから『人がどうやったら幸せに働けるのか』について、考えるようになったのです。

「お互いに『繋がり』をもって『本音』を伝え合える世界を作りたい」

「職場とそこで働く人の世界……働く人の心のなかの世界……社会としての世界……〝世界を繋ぐ『和』の幹事〟になりたい」

彼は『本当にやりたいこと』に気づきました。
そこに『情報を集めて研究する』『人の話を聴く』『分かりやすく説明する』という『情報』と『得意』を掛け合わせ、コーチとして独立しました。

今では『聴き力の学校』で講師を務めてくれるようになり『誰もが働きやすい企業にする』『日本中に幸せな企業を増やす』という旗を掲げて、企業研修も行なっています。

僕も、最近は『優しいリーダーの影響力を最大化する』ことを新たな旗として掲げて、伝え続けています。

そこから『聴き力の学校』だけではなく、『経営者・リーダーのための聴き力の学校』を開講したり『一流コーチ』の育成プログラムにも力を入れています。

つまり自分軸を旗として掲げることで、行動が変わり、より自分らしい人生へと変わっていくのです。

皆さんも、この本を通して『自分軸』というあなただけの旗をぜひ手に入れてください。

【最後に】この本を読んでくれた皆さんへ

この本とご縁があって出会い、ここまで取り組んでくださり、ありがとうございました。

過去から現在まで、自分のもっとも『感情が動いた体験』から『本当にやりたいこと』を見つけ、抱いてきた『情熱』や『得意なこと』から『才能』を言語化することは……

なかなか、骨が折れる作業だったのではないでしょうか？

『人生の棚卸し』は、簡単な作業ではありません。

そのなかで、今のあなたの『自分軸』に繋がるヒントを見つけてくれたなら嬉しいです。

もし、この時点で「これだ！」と思う完璧なものが見つからなくても……

この本をヒントに「探し続けてほしいな」と思います。

答えは必ず、あなたのなかにあるからです。

最後に、皆さんにお願いがあります。

今回見つけたあなたの『自分軸』は、ぜひ**言葉にして伝えてほしい**のです。

例えば、自分は……

「こういう人になりたい」
「こんなことに取り組みたい」
「こんな人を救って、こういう社会を作りたい」

そう思ったら、**旗を立てて、発信してほしい**のです。

「お母さんとして『家族の太陽』になる」
「仲間に、翼を授けるチームリーダーになる」

「自分のビジネスを通して、誰かに勇気を与える」

なんでもいいのです。

ここまで読み進めてくれた皆さんは、**ご自身の人生に真摯《しんし》に取り組んでいる人**です。

あなたが見つけた『大切にしたい価値観』は、あなただけではなく、周りの誰かを救ったり、幸せにできる、大切なエッセンス。

「自信や影響力をつけたい」と思う、強くて優しいあなたなら『自分軸』という旗を立てて、ストーリーを語ることで、誰かに勇気を渡せます。

周りの人に力を与える『パワーパーソン』という、まるでパワースポットのような存在になれます。

僕も23歳のとき、親友が自殺未遂をしたことをきっかけに、自分軸と出会いました。

「目の前の人の心と人生を支援したい！」

旗を立てて語ることで、共感してくれる仲間が増えました。

少しずつ想いが形になり、今回この本を通してあなたとお会いすることができました。

もしかすると、これまでやったことがないかもしれない『自分の想いや価値観を語る』取り組みは、大きなチャレンジになるかもしれません。

人によっては「言うのが恥ずかしい」「人から変に思われたらどうしよう」と思ったり、場合によっては、あなたの周りに、否定する人が出てくるかもしれません。

でも、それはある意味、仕方がないことなのです。

なぜなら、あなたがこれまでやってきたことがないことにチャレンジすることは、周りの人からしたら、違和感を感じることだから。

これは、脳の「変化を嫌う」「元の状態に戻ろう」という性質にも起因しています。

でも、あなたの魂は成長を求めています。

どうか優しいあなただからこそ、自分軸を語って磨いていくことで、あなたも周りの大切な人もますます豊かで幸せになっていただけますように。

「目の前の人の心と人生を支援したい」という僕の自分軸が、この本を通して少しでもお力になれていれば嬉しいです。

これからも、僕も人生の主人公としてチャレンジしていきます。
もしどこかでお会いできたときには、ぜひあなたの想いを聴かせてください。

優しい人こそ、強くあれ。

森田市郎

参考文献

『世界一やさしい「やりたいこと」の見つけ方』　八木仁平著　KADOKAWA

『世界一やさしい「才能」の見つけ方』　八木仁平著　KADOKAWA

『原体験ドリブン 人生の答えの9割がここにある！』
チカイケ秀夫著　光文社

『人生を変える！「コーチング脳」のつくり方』　宮越大樹著　ぱる出版

『成功するのに目標はいらない！―人生を劇的に変える「自分軸」の見つけ方』
平本相武著　こう書房

『NVC　人と人との関係にいのちを吹き込む法』
マーシャル・ローゼンバーグ 著／安納献 監訳　日本経済新聞出版

NVCジャパン・ネットワーク https://nvc-japan.net/

≪Special thanks≫
本書の制作にあたり、たくさんのご協力とご支援をいただき、ありがとうございます。心より感謝し、御礼を申し上げます。

【制作協力】
中谷翼　櫻井尚生　山﨑見咲
柏野慎也　高野涼　丹羽千恵　平澤健　みっこ　矢野淳久　山中千尋
治武祐太郎　今村奈緒子　中田真日己

【応援サポーター】
北川凌司　西村奈美　奥西豊・瞳　大野裕貴　渡邉淑子　フェニックス義信
山本隆司　細野尊史　内藤潤　河野浩人　原英次　森次美尊
長谷川直子　髙橋まちゃぴろ　茨邦彦　山口ぴろき

髙橋貴洋　下釜創　中島侑子　能登清文　橋本一豊　石井公貴　神谷かのみ
佐々木孝行　長尾綾子　永田弘道　野村貴紀　宇野浩司　都築功二郎

青木香菜　赤羽秀徳　あさのともお　熱田裕保　石黒智子　伊藤純一　井上卓
井上光昭　癒しびと渚　大野裕貴　乙幡ローラ　片桐智子　川崎敦夫　河田皓介
木村智祐　口丸香織　久保田佳子　ショー&ゆっき　菅原あきひろ　舘澤仁
玉木亜矢子　蝶たろう　那須志勢　濱川徹　林周都　ひろてぃ　福田康晴
松井徳子　松本恭典　三浦教一　森川義則　森川颯太　森西基雄　山田理代子
湯沢明幸　吉田智哉　和田善成

and 『聴き力の学校』の皆さん
森田芳枝・和来・旬

（※敬称略）

◎著者プロフィール

コーチ・講師
森田市郎（もりた いちろう）

1989年、5人兄弟の長男として、愛知県岡崎市の天理教の教会に生まれる。
23歳の頃、親友の自殺未遂を機に「人の心と人生を支援する」という自分軸を見つけ、2018年、コーチ・講師として独立、起業する。

2019年に株式会社アウェイクを設立。
「すべての人に人生を生き切る喜びを」というミッションを掲げる。

東京・大阪・名古屋・福岡で、コーチングスクール『聴き力の学校』『経営者のための聴き力の学校』『一流コーチプログラム』を主宰。
延べ2000人以上の『自分軸の構築』やコーチングを教える。

過去2万人以上にコミュニケーショントレーニングを実施し、年間300回以上の講演・セミナーを開催。起業3年で年商１億円を達成したことを機に、ビジネスコンサル、企業研修も手掛ける。
YouTube講演家の鴨頭嘉人さんが主宰する『話し方の学校』副学長を兼任する。

「優しい人こそ強くあれ」という理念のもと、まるでパワースポットのように人に勇気を与える『パワーパーソン』を増やす『パワーパーソン』プロジェクトの活動を実施中。

活動一覧はこちら▶▶▶

考えるときのヒント！≪58個の『才能』カード集≫

【才能】を見つけるときのヒントとなる【58 個の才能カード集】です。

才能　献身的である
長所　真心があり信頼される
短所　自分を犠牲にしがち

才能　淡々と物事を進める
長所　作業を習慣化する
短所　変化が苦手

才能　責任感がある
長所　周りの人から信頼される
短所　1人で抱えがち

才能　計画を立てる
長所　地道に工程を踏める
短所　計画が狂うと嫌になる

才能　誠実性がある
長所　自分や人との約束を守る
短所　自分や人に対して厳しい

才能　ルールを守る
長所　正確に進める
短所　ルールがないと混乱する

才能　効率的である
長所　優先順位を明確につける
短所　情緒的な要素を切り捨てがち

才能　人の話を引き出す
長所　人に関心がもてる
短所　自己開示に時間がかかる

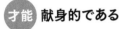

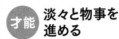

才能 目立つ

長所 注目される場所で力を発揮する
短所 埋もれると意欲が低下する

才能 行動力がある

長所 人生を切り開く
短所 リスクに弱い

才能 人に好かれる

長所 人脈が広がる
短所 嫌われる勇気がない

才能 理想を目指す

長所 努力を惜しまない
短所 現実との差に苦みがち

才能 意見を主張する

長所 人や場を支配する
短所 高圧的に思われる

才能 強みを活かす

長所 大きな成果を残す
短所 苦手なことは一切やらない

才能 主導権を握る

長所 方向づけがうまい
短所 人に指図されたくない

才能 重要な存在になる

長所 力を発揮する
短所 扱われ方を気にする

才能 気持ちを察する

長所 共感力が高い
短所 人の気持ちに同化しがち

才能 貢献欲求がある

長所 人のために力を発揮する
短所 感謝されないと意欲が下がる

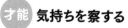

才能 熟考できる

長所 整理して説明する

短所 考えすぎて動けない

才能 仲間意識が強い

長所 仲間のために力が湧く

短所 人間関係の悪化に弱い

才能 未来を創造する

長所 目標から逆算して行動する

短所 足元の現実を忘れがち

才能 人を支援する

長所 人の可能性や魅力を引き出す

短所 おせっかいになる

才能 ビジョンを語る

長所 チームの意欲を高める

短所 行動しないと軽んじられる

才能 ポジティブに転換する

長所 立ち直りが早い

短所 問題から目をそらす

才能 おもてなし精神がある

長所 相手を喜ばせる

短所 他人優先で自分に意識を向けない

才能 過去を紐解く

長所 成功パターンを再現する

短所 過去の失敗に縛られる

才能 相手の興味を惹きつける

長所 相手を飽きさせない

短所 話を盛りがち

才能 好奇心がある

長所 チャレンジ精神がある

短所 飽き性である

才能 繊細な人の感情に気づく

長所 感覚的に変化を感じる
短所 情報過多で疲れる

才能 原点回帰する

長所 目的を見失わない
短所 原点を理解するまで動かない

才能 人や出来事を受容する

長所 人に安心感を与える
短所 相手の向上心を高めにくい

才能 細かいミスに気づく

長所 仕事の質が高い
短所 神経質になる

才能 アイデアが豊富

長所 可能性を広げる
短所 人と違うことに固執する

才能 問題を解決する

長所 本質を見抜く
短所 仲間にも負担を強いる

才能 学びや知識を伝達する

長所 人に利益を与える
短所 教えることに終始する

才能 正義感がある

長所 平等に遂行する
短所 公平性に捉われがち

才能 俯瞰する

長所 客観的に観察する
短所 他人事になりやすい

才能 経験を学びに変える

長所 失敗から学ぶ
短所 リスクヘッジが苦手

才能 数字を把握する

長所 生産性や成果を高める
短所 数字で人を判断しがち

才能 言葉で勇気を与える

長所 人の背中を押す
短所 プレッシャーを与える

才能 人の意見を尊重する

長所 大勢の意見を集約する
短所 納得感の醸成に時間がかかる

才能 率直である

長所 正直に表現する
短所 率直すぎて衝突を生む

才能 完璧主義である

長所 クオリティが高い
短所 時間がかかりすぎる

才能 献身的である

長所 相手に寄り添う
短所 自分が疲弊しがち

才能 信念をもつ

長所 自信をもって行動する
短所 人を信頼する基準が厳しい

才能 明るい未来を信じる

長所 夢の実現を確信する
短所 具体的な方法を忘れがち

才能 要約力がある

長所 意図を明確に伝える
短所 行間を省略する

才能 こだわりがある

長所 揺るぎない意見がある
短所 意固地になりやすい

才能　ビジョンを描く

長所　無限の可能性を信じる
短所　絵に描いた餅になりやすい

才能　宿命だと考える

長所　出来事に意義を見出す
短所　無理やり納得しがち

才能　気分で行動する

長所　自分の気持ちを大切にする
短所　人を振り回す

才能　ポジティブである

長所　イキイキと輝く
短所　ネガティブと向き合わない

才能　人を優先する

長所　人の気持ちに寄り添う
短所　自分を粗末に扱う

才能　洞察力がある

長所　問題の原因を見つけ出す
短所　問題発見に躍起になりがち

才能　素直である

長所　欠点を改善する
短所　思考を停止することがある

才能　空気をよんで人に合わせる

長所　最適な対応をする
短所　平等には対応しない

才能　完遂する

長所　中途半端で終わらない
短所　無理にやり遂げる

才能　良い面を捉える

長所　仲間の意欲を高める
短所　他力本願だと思われる

一生ブレない自分軸の身につけ方
～やりたいこと、才能、目標を見つける！～

2023年12月27日　初版発行
2024年11月22日　第3刷発行

著　者　　森田市郎
発行者　　鴨頭嘉人
発行所　　株式会社　鴨ブックス
〒170-0013　東京都豊島区東池袋3-2-4　共永ビル7階
電　話　　03-6912-8383
FAX　　03-6745-9418
e-mail　　info@kamogashira.com

編　集　　沢田梨佳
イラスト　　むらまつしおり
資料作成　　櫻井尚生

装　丁　　Isshiki（松田喬史）
デザイン・DTP　　Isshiki（杉本千夏）
校正　　株式会社ぷれす
印刷・製本　　株式会社 光邦

ISBN978-4-910616-11-7